이 책을 주 예수 그리스도께 바칩니다. 수술 도중 숨을 거두어 천국에서 예수님을 만났을 때, 그분은 저에게 이 땅으로 돌아가서 사람들의 소명을 돕는 일을 하라고 말씀하셨습니다. 사람들을 향한 사랑과 관심 때문에, 주님은 실제로 죽은 사람을 돌려보내어 그들의 소명과 목적이 그분 안에서 확고해지도록 돕기로 결정하셨습니다.

언젠가 주님이 다시 오실 때, 사람들이 제가 아니라 주께서 저를 통해 드러내신 예수 그리스도의 계시를 기억하는 것이 제 소망입니다. 또한 사람들이 제가 하나님의 자녀들을 향한 거룩한 소명을 완수하도록 주님의 계획을 드러내는 부르심과 사명에 순종하고 있을 뿐이라는 것을 알기 원합니다.

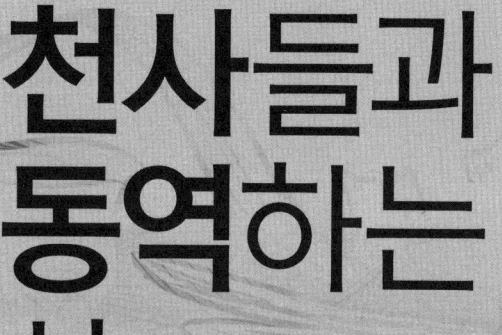

천사들과 동역하는 삶
THE AGENDA OF ANGELS

케빈 제다이 지음 서은혜 옮김

추천사

천사들은 항상 우리의 일상 가운데 존재했다. 그런데 갈수록 그 활동이 증가하는 것 같다. 나는 '하늘 법정'에 대해 이해하게 되면서 보이지 않는 영역의 이런 활동에 대해 새롭게 자각하고 인식하게 되었다. 성경은 "우리가 수많은 천사들이 있는 곳에 이르렀다"(히 12:22)고 분명하게 말씀한다. 이것은 신약 시대의 믿는 자들이 천사들의 활동이 일어나는 영적인 차원 안으로 들어왔다는 의미이다. 나는 이 영역에 대한 케빈 제다이의 통찰력에 감사드린다. 그는 우리가 이 영역을 어떻게 인식하고, 그 안에서 어떻게 행해야 하는지 알려 준다. 그러면, 초자연적 추진력을 얻어 하나님의 돌파가 우리 삶에 영향을 끼치게 된다. 이 책을 통해 천사들이 활동하는 영역에서 그들과 동역하는 삶의 지혜를 얻게 될 것이다.

로버트 핸더슨
Global Reformers 대표

지난 20년간 이 땅 가운데 천사들의 활동이 급격하게 증가하고 있다. 그러므로 하나님께서 천사들에게 맡기신 일이나 그들이 사람들과 교류하는 것에 관하여 성경적인 가르침을 받는 것이 매우 중요한 일이 되었다. 그런 의미에서 성경 교사이면서 천국 방문 등의 영적 체험이 풍부한 케빈 제다이가 저술한 이 책은 반드시 읽어야 할 필독서이다. 당신은 이 책을 통해 심오한 계시적 통찰과 온전한 성경적 가르침, 그리고 성령의 감동에 의한 임파테이션을 받게 될 것이다.

패트리샤 킹
패트리샤 킹 미니스트리 창립자 및 XP Media 공동 설립자

《천사들과 동역하는 삶》은 우리 삶과 하나님 나라에서 천사들이 담당하는 초자연적 역할에 관한 최고의 책이다. 영의 세계는 물질세계보다 훨씬 더 실제적이다. 오늘날 믿는 자들에게 하늘 왕국의 유업, 곧 영원한 본향의 실재를 알고 경험하는 것은 매우 중요하고도 긴급한 일이 되었다. 주님이 각 사람과 문화, 그리고 도시와 지역과 나라들에 천사들과 천군(天軍)을 보내셨다는 사실은 참으로 놀라운 일이다.

케빈 제다이의 메시지는 우리에게 영감을 주고, 어떻게 우리의 왕 되신 분과 함께 영광스런 방식으로 살아가고 행동해야 하는지 가르쳐 준다. 당신의 영적 감각들이 깨어나 당신을 둘러싼 초자연적 영역과 활동에 눈을 뜨게 되길, 그리고 천사들이 당신을 위해 임무를 수행하고 있다는 사실을 깨닫기를 바란다.

레베카 그린우드
Christian Harvest International
Strategic Prayer Apostolic Network 공동 창립자

감사의 글

《천국 방문》(Heavenly Visitations), 《이 땅에서 누리는 천국의 날들》(Days of Heaven on Earth), 《하나님을 만나는 자리》(A Meeting Place with God), 《당신의 숨겨진 소명이 드러나다》(Your Hidden Destiny Revealed), 《하늘의 영역에서 기도하기》(Praying from the Heavenly Realms) 등을 통해 나눈 이야기에 이어 주님은 이 책을 쓰게 하셨습니다. 이 책은 여러 차례 천국을 방문하는 동안 주님께서 하나님의 말씀과 성령을 통해 점검하고 밝혀 주신 영역에 대한 몇 가지 계시들에 대한 것입니다.

책을 쓰는 동안, 곁에서 격려하고 기도해 주신 모든 분들, 특별히 영적 부모이신 제시와 케시 듀플란티스 부부에게 감사드립니다. 그리고 나의 아내 캐시가 베풀어 준 사랑과 헌신에 특별히 감사의 마음을 전합니다. 또한 시드 로스와 그의 스태프들이 보여 준 예수 그리스도를 향한 사랑에 감사드립니다. 이 책을 근사하게 편집해 준 자넷 클라인 박사와 이 프로젝트를 지원해 준 데스티니 이미지의 스태프들에게도 감사의 마음을 전합니다. 그리고 하나님의 영의 다음 운행하심에 대해 우리에게 알려 주고 싶어 하는 나의 모든 친구들에게도 특별한 감사를 전합니다!

목 차

4_ 추천사 | 7_ 감사의 글 | 10_ 서문 | 12_ 들어가며

Chapter 1 비밀의 장막 … 18

Chapter 2 절대적 진리 … 46

Chapter 3 천국의 작전 사령부 … 78

Chapter 4 주님을 경외함 … 102

Chapter 5 거룩함의 아름다움 … 130

Chapter 6 주님을 앙망함 … 144

Chapter 7 주님의 영광이 임했다 … 158

Chapter 8 여호와의 말씀 … 180

Chapter 9 천국의 전투 기술 … 208

Chapter 10 우리를 향한 하나님의 뜻 … 230

Chapter 11 하나님 나라가 이 땅에 … 246

Chapter 12 천사들의 계획을 가로막는 원수들 … 264

서문

전파나 수중 음파 탐지기가 개발되기 전에는 배들이 빙산에 충돌할 위험이 컸다. 항해사들은 빙산의 꼭대기는 볼 수 있었지만, 그것은 전체 면적의 2퍼센트에 불과했다. 나머지 98퍼센트는 물속에 숨겨져 있어서 그 위험성을 파악하지 못한 많은 배들이 파선하고 말았다!

동일한 원리가 예슈아를 믿는 자들에게도 적용된다. 우리가 직면하는 전투의 98퍼센트는 보이지 않는 영역에서 벌어진다. 악한 영들로부터 보호해 주는 천사들의 도움이 없다면, 우리는 큰 위험에 직면하게 될 것이다! 그러나 하나님의 명령을 큰 소리로 선포함으로 천사들에게 임무를 맡기고 협력한다면, 우리가 악한 영의 공격에서 벗어날 수 있도록 도울 것이다.

케빈 제다이는 천국에 있는 동안 천사들과 동역하는 법을 배웠다. 이 책의 내용을 적극 활용한다면, 당신의 영적 레이더는 완전히 활성화될 것이다.

이것이 왜 그렇게 중요한가? 곧 예수님이 다시 오시기 때문이다. 그분은 꿈속에서 내게 세 번이나 "내가 곧 갈 것이다!"라고 말씀하셨다.

마지막 때에 이 땅에서는 역사상 그 어느 때보다도 많은 천사와 악한 영들이 활동하게 될 것이다. 이유가 뭘까? 하나님의 놀라운 영광이 갑작스럽게 풀어질 것이기 때문이다! 그것은 이미 시작되었다. 하지만, 앞으로 임할 영광은 이전에 하나님의 영이 운행하시던 것과는 비교가 되지 않을 것이다.

하나님께서 마지막 때에 성령이 부어지는 놀라운 현장에 우리를 부르셨다. 나의 친구 케빈은 "모든 상황이 당신에게 유리하게 되어 있다!"라고 말하는 것을 좋아한다. 이 책은 당신의 모든 상황을 바꾸는 책이 될 것이다.

시드 로스
슈퍼내추럴 TV 진행자

들어가며

나는 예수님과 함께했던 경험에 대해 알고 싶어 하는 사람들을 자주 만난다. 하늘과 땅을 가르는 베일 저편에서 예수님과 함께했던 경험은 정말 특별한 것이다. 그곳을 경험한 사람이라면 누구나 이 세상으로 돌아오고 싶지 않을 것이다. 그런데 누군가 돌아왔고, 그가 예수님과 함께한 경험에 대해 이야기한다면 어떻겠는가?

이 책을 쓰라는 명령을 받았을 때, 마치 천사들과 함께 현장에서 보고를 받는 것처럼 내용이 주어졌다. 이 책에는 내가 경험한 군대식 보고의 분위기가 반영되어 있다. 우리에게 파송된 천사들은 예수님을 그들의 대장, 곧 최고의 권위로 여기는 거대한 군대이다.

나는 이 책에서 예수님과 함께 있는 동안 배운 두 가지 중요한 신리를 나누려 한다. 그것은 두 가시 근본석 신리, 곧 '가치'와 '보증'에 대한 것이다.

내가 배운 첫 번째 진리는, 하나님이 모든 믿는 자들에게 큰 '가치'를 두셨다는 것이다. 하나님은 믿는 자 한 사람 한 사람을 너무나 소중히 여기셔서, 그들을 어머니의 태에 불어넣기도 전에 모든 그리스도인의 삶을 그분의 책에 기록하셨다(시 139편).

천국에는 돈이 없다. 그럼에도 지금까지 이 땅 위에 거한 모든 사람에 대한 큰 대가가 지불되었다. 하나님의 아들 예수 그리스도께서 이 땅의 모든 사람의 영을 위해 엄청난 대가를 지불하셨는데, 그것은 바로 예수님의 존귀한 보혈이다. 사람은 천국에서 가장 가치 있는 자산이다. 이 땅의 모든 사람은 영원한 가치를 지닌다. 하나님께서 이렇게 하신 것은 모든 세대뿐만 아니라, 주 하나님의 영원한 나라를 위해서이다.

내가 배운 두 번째 진리는, 하나님께서 모든 그리스도인에게 '보증'이 되셨다는 것이다. 예수님이 모든 그리스도인에게 엄청난 보증이 되어 주셨으므로, 우리는 천국의 책에 기록된 하나님의 뜻을 무사히 효과적으로 성취할 수 있게 되었다. 예수님이 모든 믿는 자들을 각자의 소명으로 이끌면, 그들은 그분의 보살핌 안에서 안전하다. 이 과정은 능력 있는 하나님의 천사들이 책임지고 있다. "하나님께서 그 사자 천사들을 보내시니, 가는 곳마다 너희를 돌보라고 특별히 명하심으로 그들이 모든 위험으로부터 너희를 보호해 주리라"(시 91:11, TPT).

'가치'와 '보증'이라는 이 두 가지 진리는 모든 믿는 자에게 '모든 두려움을 내쫓는 온전한 사랑'을 줄 것이다. 그리고 이 책은 모든 믿는 자들이 하나님의 충만한 사랑을 깨닫도록 도울 것이다. 요한일서 4장 18절은 다음과 같이 말씀한다. "사랑 안에 두려움이 없고 온전한 사랑이 두려움을 내쫓나니 두려움에는 형벌이 있음이라 두려워하는 자는 사랑 안에서 온전히 이루지 못하였느니라."

예수님은 돌아가서 이 세대에게 하나님의 거룩한 목적에 대해 선포하고, 믿는 자들에게 진리를 전하라고 나에게 지시하셨다. 주님은 내가 그분을 만났다는 것과 모든 그리스도인을 향한 그분의 소망이 무엇인지 전하라고 하셨다. 그것은 하늘 아버지께서 모든 그리스도인의 삶에 위대한 가치를 두신다는 것을 각 사람이 알아야 한다는 것이었다.

오늘날 그리스도인들은 천군 천사들을 통해 하나님의 방문을 받고 있다. 그런데 이러한 천사들의 방문을 온전히 분별하지 못하는 경우가 많다. 하나님은 이 신실한 불의 사자(使者)들의 손에 그분의 강령을 주셨다. 하늘 군대의 사령관께서 천사들의 특수 부대에 지시를 내리셨다. 천사들은 모든 믿는 자들이 천국에 기록된 것을 성취하도록 도울 준비가 되어 있다.

이제 이 세대의 믿는 자들이 이 특별한 메시지를 들어야 한다. 그래서 하나님 나라를 위해 그들이 마땅히 해야 할 일들을 성취해야 한다. 또 이어지는 세대들도 이 메시지를 마음에 새길 필요가 있다. 그리스도인들에게는 역사를 바꿀 책임이 있다. 그리고 역사를 바꾸는 도구가 바로 천사들과 동역하는 것이다.

'아버지의 영광'이 위대한 마지막 운행하심을 시작하셨다. 그러므로 믿는 자들은 첫사랑을 회복해야 한다. 바로 이것이 이 땅을 그분의 영광으로 충만하게 채울 마지막 운행하심이기 때문이다. 우리의 사령관이신 예수 그리스도께서는 그분이 곧 오실 것과 이 마지막 때에 모든 그리스도인이 감당해야 할 몫이 있다는 것을 우리가 알기 원하신다.

그리스도인들은 예수님께서 그분의 신부인 교회를 위해 다시 오시는 놀랍고 영광스러운 날이 오기 전에 하나님의 뜻을 따라 천사들과 동역해야 한다. 그리스도인들은 지금 '천사들의 예정과 계획'을 알아야 한다.

케빈 제다이 박사

Chapter 1
비밀의 장막

그때에 야곱이 잠에서 깨어나 말했다.
"주께서 바로 이곳에 계시는데도, 나는 그것을 몰랐구나"(창 28:16, NLT).

Chapter 1

천사들과 그들의 사명에 대해 이야기하기 전에, 먼저 비밀리에 활동하는 천사들의 전략에 대해 언급하겠다. 군사 작전에서 가장 중요한 측면 중 하나가 비밀의 장막이라는 것을 아는가? 어떤 작전이든 최대한 비밀을 유지하며 기습적으로 진행되는 것이 유리하다. 그래서 많은 군사 작전들이 비밀리에 행해진다. 지극히 높으신 하나님과 그 나라의 작전들도 다를 바 없다. 어둠의 권세에 맞서 승리하기 위해서는 비밀 작전이 매우 중요하다.

천사들은 하늘 왕국의 군부로부터 특수한 임무를 받는 '특수 부대'라고 할 수 있다. "하나님께서 그 사자 천사들을 보내시니, 가는 곳마다 너희를 돌보라고 특별히 명하심으로 그들이 모든 위험으로부터 너희를 보호해 주리라"(시 91:11, TPT). 우리 주변에서 참으로 많은 일들이 벌어지고 있는데도, 그것을 인식조차 하지 못하고 있한가운데 쓰러졌다. 몸을 움직일 수는 없었지만, 영의 눈으로 방을 볼 수는 있었다. 마치 내가 육신 위에 떠 있는 기분이었다.

그때 문 앞에 커다란 천사가 서 있는 것이 보였다. 놀랍게도 문이 열려 있었는데, 그것은 불가능한 일이었다! 앞에서도 언급했듯이, 문은 이중으로 잠겨 있었다. 천사가 나에게 다가오는 것을 지켜보면서도 나는 여전히 몸을 움직일 수 없었다. 천사는 몸을 구부리더니 내 팔을 붙잡아 일으켜 주었다. 나는 어느 정도 기운을 차렸다. 천사 앞에 서자, 그의 복장이 눈에 띄었다. 그는 머리부터 발끝까지 로마 백부장의 복장을 하고 있었다. 키는 2.8-3미터 정도로 매우 컸고, 체중은 360킬로그램 정도 되는 것 같았다.

천사가 나에게 말을 하기 시작했는데, 그의 목소리에 엄청난 권위가 있었다. 그는 지극히 높으신 하나님을 대신하여 내게 왔다고 했다. "나는 지극히 높으신 분으로부터 보냄을 받았다. 너는 하나님께 스스로를 구별해야 한다. 네 친구들 중 멀리해야 할 사람들이 있다. 더 이상 그들과 시간을 보내지 마라. 그들은 하나님의 뜻 가운데 있지 않다. 뿐만 아니라, 곧 심판받게 될 것이다."

천사가 말을 하는 동안, 무리 지어 다니는 열두 명의 친구들의 모습이 한 명씩 보였다. 이어서 천사가 나의 부르심에 대해 말하려는데, 갑자기 성령께서 개입하셨다. 성령께서 그에게 뭐라고 말씀하시는지는 들리지 않았다. 천사는 손짓으로 내게 기다리라고 하더니, 즉시 다른 곳으로 가라는 명을 받았다고 말했다. 그는 내게 복다. 이전에 기도하는 동안 천사들이 방으로 들어온 것을 감지한 적이 있었는데, 그들에게서 위엄과 하나님을 경외하는 마음이 느껴졌다. 그래서인지 특별히 천사와 대면하고 싶은 마음은 없었다.

그 당시 나는 주님을 갈망하며 대학에서 학업을 비롯한 여러 일들을 잘 감당할 수 있게 해 달라고 구하였다. 학교에 다니기 위해 모든 것을 포기했는데, 공부를 계속하려면 일정 수준의 점수를 유지해야 했기 때문이다. 나는 어두운 방 안에서 주님께 기도하고 있었고, 당시 기숙사 방문은 이중으로 잠겨 있었다.

기억하기로는 방 안에서 천천히 움직이면서 무언가에 부딪히지 않기 위해 잠시 눈을 뜨곤 했던 것 같다. 이중으로 잠긴 기숙사 방문 쪽으로 갔다가 창문 쪽으로 돌아오기를 반복하며 영 안에서 여러 시간을 기도했다. 나는 내 영에 임한 성령의 계시를 이해하고 싶었다. 진리가 깨달아질 때까지 시간이 얼마나 걸리든 신경쓰지 않았다. 하나님의 음성을 듣고 싶은 마음이 간절했기 때문이다.

그렇게 기도하며 밀고 나아가는데, 영 안에서 자유가 임했음이 감지되기 시작했다. 내 안의 모든 것에 자유가 느껴졌다. 기도하다 보면 주변에서 전쟁이 벌어지고 있는 것이 느껴질 때가 있다. 그러다가 갑작스럽게 돌파가 임하면, 순간적으로 공기가 맑아지면서 자유함을 느끼게 되는데, 마치 다시 한번 자유롭게 온전히 숨을 쉬는 것 같다.

그날은 갑자기 엄청난 능력이 파도처럼 나를 덮쳤다. 나는 방랑으로 사랑한다. 나는 오래전에 너에 대해 생각했고, 너를 네 어머니 태에 불어넣었다. 한 날이 지나가기도 전에 내가 너의 날들에 대해 책에 기록했다. 너는 나의 품안에 있고 나의 계획 안에 있다. 내가 너를 향한 내 모든 계획이 이루어지는 것을 볼 것이다. 너만 나를 신뢰한다면 말이다! (시 139:16)

다른 영역의 베일을 벗기다

하나님은 영적인 영역에서 믿는 자들의 미래가 이미 이루어진 것처럼 보고 계신다! 그렇다면 우리는 왜 미래에 대해 걱정하거나 염려하는가? 하나님 아버지께서는 각 사람을 위해 우리가 생각할 수 있는 것보다 훨씬 더 좋은 것을 계획해 놓으셨다. 천사들은 그 계획을 알고 있지만, 우리에게는 그것들이 잠시 가려져 있다.

하나님의 방법의 신묘함과 우리를 향한 그분의 생각은 놀라울 뿐이다. 시편 기자는 이렇게 기록했다. "하나님이여 주의 생각이 내게 어찌 그리 보배로우신지요 그 수가 어찌 그리 많은지요 내가 세려고 할지라도 그 수가 모래보다 많도소이다 내가 깰 때에도 여전히 주와 함께 있나이다"(시 139:17-18).

처음으로 천사를 만난 것은 1982년 봄이었다. 나는 천사를 보게 해 달라고 기도하지도 않았고, 특별히 천사를 보고 싶지도 않았다는 사실이 놀랍기만 하다.

　주께서 어떤 사람에게 영의 세계를 들여다볼 수 있는 능력을 주신다면, 그는 천사들의 왕성한 활동을 보고 겸손해질 것이다. 그리고 현재 자기의 삶 가운데 무슨 일이 벌어지든 걱정하지 않을 것이다. 우리 각 사람은 우리를 둘러싼 보이지 않는 영역에서 너무나 많은 하늘의 도움을 받고 있다. 만약 영의 세계에서 무슨 일이 벌어지고 있는지 알게 된다면, 하나님이 우리를 위해 일하고 계시다는 사실에 더 많은 확신과 신뢰를 갖게 될 것이다.

　주님은 부름 받은 백성들을 위한 특별한 계획을 가지고 계신다. 사도 바울은 말했다. "하나님이 자기를 사랑하는 자들을 위하여 예비하신 모든 것은 눈으로 보지 못하고 귀로도 듣지 못하고 사람의 마음으로도 생각지 못하였다 함과 같으니라 오직 하나님이 성령으로 이것을 우리에게 보이셨으니 성령은 모든 것 곧 하나님의 깊은 것이라도 통달하시느니라"(고전 2:9-10).

　모든 그리스도인은 우리를 향한 하늘 아버지의 사랑과, 우리와 관련된 모든 것을 성취하시는 그분의 능력을 깊이 신뢰해야 한다. 우리가 삶의 모든 영역에서 성공하고 형통하려면, 이 진리에 대해 계시 받아야 한다. 하나님께서도 우리가 성공하고 형통하기를, 특히 그분의 나라를 위해 그렇게 되기를 바라신다.

　주께서 그분의 영으로 당신에게 말씀하신다. "내가 너를 영원한 사도 끝에 있는 기도실로 가라고 하면서 지극히 높으신 하나님의 메시지는 성령께서 친히 전하실 것이라 했다.

나는 그 상황이 마음에 들지 않았다. 천사는 내게서 1미터도 안 되는 곳에 서 있었고, 나는 그의 경이로움에 깊이 감동되어 그가 계속 말해 주었으면 했다. 그는 매우 정교하고 아름다운 갑옷을 입고 있었는데, 그에게서 뿜어져 나오는 능력이 참으로 놀랍고도 대단해서, 누구라도 그가 떠나는 것을 원하지 않았을 것이다. 그러므로 그가 메시지를 마무리해 주기 바라는 것은 지극히 당연한 반응이었다.

나는 그에게서 감지되는 권위에 안전함을 느꼈다. 그는 거룩한 권위로 행했고, 그 권위를 인식하는 것만으로도 내가 하나님의 보호하심 안에 있다는 확신이 들었다. 그래서 그에게 "이미 당신이 여기에 있으니, 여기서 메시지를 마무리해 주십시오"라고 말했다. 그러자 그는 매우 단호하고 엄격하게 "지금 바로 기도실로 가라!"고 하며 돌아서서 복도 끝에 있는 기도실을 가리켰다. 그리고는 복도를 빠르게 걸어가다가 흔적도 없이 사라졌다!

그로부터 6개월 후, 천사가 말한 열두 명의 친구들은 좋지 않은 행실로 모두 퇴학당했다. 그날 저녁 내가 천사의 말을 듣지 않았다면, 나도 그들과 같이 퇴학을 당했을 것이다. 천사는 그 당시 내가 예견할 수 없었던 상황을 계시해 주기 위해 보냄 받은 것이었다. 그는 6개월 후에 이들에게 일어날 일을 다 알고 있었다. 하나님의 미리 아심(foreknowledge)이 나에게 계시된 것이다. 그 천사는 나에게 경고하기 위해 파송되었던 것이다.

이 상황은 천사들의 목적 한 가지를 보여 준다. 그들은 그리스도인들이 하나님의 뜻을 행하도록 돕기 위해 보냄 받는다. 생각해 보면, 그 천사는 내가 영 안에서 드린 기도에 응답하기 위해 왔던 것 같다. 나는 하나님께서 기도를 통해 응답하시고, 나의 미래에 관한 유익한 정보를 주신다는 사실은 모른 채 영 안에서 기도하고 있었다. 천사가 알려 준 정보는 나에게 큰 도움이 되었다. 이 일은 성령 안에서 기도하는 것이 왜 그렇게 중요한지, 그 이유를 분명하게 보여 준다.

여기서 영 안에서 기도한다는 것은 사도 바울이 말한 바와 같이 방언으로 기도하는 것을 가리킨다. 영 안에서 기도하는 것과 천사들의 활동은 서로 연결되어 있는 것 같다. 나는 꽤 오랜 기간 성령 안에서 기도한 후 여러 차례 천사들의 방문을 받았다.

이러한 사건들에 대해 이야기하는 이유는, 우리 주변에 눈에 보이지 않는 또 다른 세계가 있다는 것을 깨닫게 하려는 것이다. 이곳은 성령께서 다스리고 통치하시는 영역으로, 그분이 그곳의 주인이시다.

모든 그리스도인은 거듭날 때 성령을 받는다. 고린도후서 5장 17절은 우리가 성령으로 거듭났고, 그리스도 예수 안에서 새로운 피조물이 되었다고 말씀한다. "이전 것은 지나갔으니 보라 새 것이 되었도다." 이렇게 거듭날 때 우리 안에 들어오신 성령님은 우리에게 흘러넘치도록 세례를 주시고, 방언이라는 초자연적 언어를 주시는 바로 그분이다.

영으로 기도하기

사도 바울은 고린도전서 14장에서 방언으로 기도하면, 우리의 영이 성령의 인도하심대로 하나님께 기도한다고 가르친다. 로마서 8장 26절에서는 때로 우리의 이성은 어떻게 기도해야 할지 모르지만, 성령께서 하나님의 뜻대로 기도하신다고 말한다.

우리가 방언으로 기도할 때, 보통은 하나님을 찬양하고 경배하는 것이다. 바울은 고린도전서 13장에서 우리가 성령에 의해 사람의 방언과 천사의 말로 기도할 수 있다고 언급한다. 사도 유다는 우리가 하나님의 사랑 안에 머물면서 성령 안에서 기도함으로 지극히 거룩한 믿음 위에 자신을 세워야 한다고 말한다(유 1:20).

예수님께서는 우리가 영으로 기도할 때 초자연적인 영역에서 행하게 된다고 말씀해 주셨다. 그리고 이렇게 영으로 기도하는 과정이 육신 가운데 일어나도록 허락하면, 우리의 모든 기도가 응답받는다고 말씀하셨다. 그러므로 우리는 방언으로 기도함으로 우리의 지체와 몸을 순복시키고 있는 것이다.

또 바울은 고린도전서 14장에서 영으로 기도하는 것은 영으로 비밀을 말하는 것이기에 우리의 마음은 열매를 맺지 못한다고 말했다. 우리의 이성은 무엇을 기도하고 있는지 이해하지 못하더라도 우리의 기도는 완전하고, 하나님께서 그러한 완전한 기도에 응답하신다는 것이다. 이것은 바울이 고린도전서 2장에서 말하는 것과 일치한다.

> 그 사람 자신의 영이 아니면 아무도 그 사람의 생각을 알 수 없고, 하나님 자신의 영이 아니면 아무도 하나님의 생각을 알 수 없습니다. 그런데 우리는 (세상의 영이 아니라) 하나님의 영을 받았습니다. 그래서 하나님께서 우리에게 값없이 주신 놀라운 일들을 알 수 있습니다. 우리는 여러분에게 이 일들을 말할 때, 사람의 지혜에서 나온 말로 하지 않고, 대신 성령께서 우리에게 주신 말로 전합니다. 성령의 말들을 사용하여 영적인 진리들을 설명하는 것입니다. 그러나 영적이지 않은 사람은 하나님의 영에서 나온 이 진리들을 받아들일 수 없습니다. 그런 사람들에게는 이 모든 것이 어리석게 들려 그것을 이해할 수가 없습니다. 오직 영적인 사람들만이 성령의 뜻이 무엇인지 이해할 수 있기 때문입니다. 영적인 사람은 모든 것을 평가할 수 있지만, 그들 자신은 다른 사람들에게 평가받을 수 없습니다. "누가 주님의 생각을 알며, 그분을 가르칠 정도로 아는 사람은 누구입니까?" 하지만 우리가 이 일들을 이해하는 것은 그리스도의 마음을 가지고 있기 때문입니다. (고전 2:11-16, NLT)

그러므로 우리는 다른 방언들로 말하는 것과 더불어 성령으로 세례를 받는 것이 얼마나 중요한지 알 수 있다. 이것이 바로 성경 전반에서 분명하게 가르치는 것이고, 사도행전에도 여러 차례 언급된 것이다. 우리는 구원받고 믿는 자들이 되어 물과 성령으로 세례 받을 기회를 얻게 되었다. 사도행전 2장에서는 사람들에게 성령이 임하자, 그들은 다른 방언들로 말하기 시작했다. 다른 방언으로 말하는 것은 성령 세례의 첫 증거로 알려져 있는데, 그것은 지금도 마찬가지이다.

사탄은 다른 모든 문제와 마찬가지로 방언으로 말하는 것에 대한 진리도 대적한다. 이것은 이 마지막 때에 모든 믿는 자들이 성령으로 충만하여 성령께서 말하게 하시는 대로 다른 방언들을 말하는 것이 매우 중요하기 때문이다. 방언은 우리의 입을 통해 진리가 알려지고 선포되게 한다. 야고보서에서는 혀가 몸 전체를 통제하는 지체라고 분명히 말씀한다. 그러므로 하나님의 영이 믿는 자의 혀를 다스리게 되면, 그분의 영이 그 사람의 삶을 다스리게 된다. 그래서 우리가 성령 세례를 받을 때, 성령께서 우리의 혀를 주관하시는 것이다.

뿐만 아니라, 로마서 12장 2-3절에서는 하나님의 말씀으로 우리의 생각을 새롭게 함으로 변화를 받아야 한다고 말한다. 혼의 영역인 우리의 생각과 감정과 의지는 말씀에 순종함으로 매일 새로워지고 성화되어야 한다.

야고보서에서는 어떻게 사람의 혀에 성령의 불이 붙을 수 있는지에 대해 말한다. 사람의 혀에 성령의 불이 붙으면, 그 사람은 사랑 안에서 진리를 말함으로 교회가 세워진 목적을 이루게 된다. 우리의 모든 지체는 교회로서 그리스도의 몸을 대변한다. 성령님은 여기서 그리스도의 몸 된 교회가 그분의 충만함에 이르기까지 하나 되게 하신다.

이 원리들을 분명히 이해하려면 에베소서와 골로새서를 보라. 그러면 몸의 지체를 성령께 복종시킴으로 스스로 영의 세계에서 기능할 수 있게 하는 것이 얼마나 중요한지 이해하게 될 것이다. 우리는 다른 방언을 말함으로 몸의 지체를 순복시킨다. 또한 육신을 하나님의 영에 순복시킴으로 영 안에서 행해야 한다.

우리는 방언을 말하고 영 안에서 행함으로, 천사들이 사명을 완수하기 위해 활동하는 보이지 않는 영역에서 기능하게 된다. 우리의 입술을 복종시켜 방언을 말하고, 그 영이 말씀 안에서 행하면, 날마다 하나님의 말씀대로 살게 된다. 기도 가운데 천국의 진리를 선포하는 것은 완벽한 기도로 우리의 영이 진리를 선포하는 것이다.

이렇게 우리의 영이 진리를 선포하면, 천사들이 우리 주변에 모여든다. 우리가 그들의 사명에 온전히 연결되었음을 인지하게 되기 때문이다. 우리가 이 땅에서 하나님의 뜻과 목적대로 살아가기 위해 필요한 것이 무엇인지 살피는 것이 천사들의 사명이다.

천사들과의 동역

그리스도인이 자기 몸의 지체, 특히 혀를 사용하기 시작하면, 천사들과 동역하며 하나님의 온전한 뜻 가운데 거하게 된다! 어쩌면 이것이 믿기 어렵거나 너무 좋아서 사실이 아닌 것처럼 여겨질도 모르겠다. 그러나 이것이 바로 하나님께서 우리에게 예비해 놓으신 삶이다. 또한 천사들도 바로 이 목적을 위해, 곧 모든 그리스도인을 향한 하나님의 뜻이 그들의 삶 가운데 신속하게 이루어지게 하려고 창조되었다! 히브리서 기자는 천사들의 목적을 다음과 같이 설명한다.

> 모든 천사들은 섬기는 영으로서 구원 받을 상속자들을 위하여 섬기라고 보내심이 아니냐 그러므로 우리는 들은 것에 더욱 유념함으로 우리가 흘러 떠내려가지 않도록 함이 마땅하니라 천사들을 통하여 하신 말씀이 견고하게 되어 모든 범죄함과 순종하지 아니함이 공정한 보응을 받았거든 우리가 이같이 큰 구원을 등한히 여기면 어찌 그 보응을 피하리요 이 구원은 처음에 주로 말씀하신 바요 들은 자들이 우리에게 확증한 바니 하나님도 표적들과 기사들과 여러 가지 능력과 및 자기의 뜻을 따라 성령이 나누어 주신 것으로써 그들과 함께 증언하셨느니라 (히 1:14-2:4)

히브리서에는 주목해야 할 몇 가지 진리가 계시되어 있다. 우리는 하나님 나라에 관한 새로운 관점을 받아들여야 하는데, 천사들에 관한 아래의 다섯 가지 사실을 이해하는 것도 그중 하나이다. 이 땅에서 우리에게 맡겨진 사명은 참으로 강력하고 대단한 일로, 여기에는 천사들과 동역하는 것도 포함된다. 그리스도인이 반드시 이해해야 할 다섯 가지 사실을 정리하면 다음과 같다.

- 천사들은 하나님의 자녀들을 섬기도록 보냄 받았다.
- 우리는 흘러 떠내려가지 않도록 우리가 들은 진리에 유념해야 한다.
- 천사들이 하는 말은 확고하다. 그들은 하나님을 대신하여 말하는 것이다. 그러므로 천사들이 하는 말은 하나님의 말씀이다.
- 모든 범죄함과 순종하지 않음은 그에 합당한 보응을 받게 될 것이다. 그러므로 우리가 구원을 소홀히 여긴다면 어떻게 징벌을 피할 수 있겠는가?
- 주께서 말씀하신 것은 그것을 들은 자들에 의해 확증된다. 하나님께서도 표적과 기사로 그분의 말씀을 확증하신다. 하나님께서는 그분의 말씀을 확증하시기 위해 우리가 들은 것과 말한 것에 대해 표적과 기사와 여러 가지 능력 그리고 그분의 뜻대로 나눠 주신 성령의 은사들로 증언해 주신다.

우리는 보이지 않는 영역이 눈으로 보고 경험하는 것보다 더 실제적이라는 사실을 온전히 이해해야 한다. 하나님의 영은 진리의 영이시다. 예수님이 분명하게 설명해 주신 대로, 그분은 우리를 모든 진리 안으로 이끌어 주신다. '진리'라는 말을 연구해 본 사람이라면, '진리'가 '실재'로 번역되었음을 알 것이다. 그러므로 거듭남을 경험하면서 실재이신 성령님이 우리 삶 속에 들어오신다고 말할 수 있다. 또 우리는 성령 세례를 통해 하나님의 영으로 흘러넘치고 충만해진다.

하나님은 로마서 8장에서 그리스도인들이 어떻게 육신이 아닌 성령에 순복할 수 있는지 말씀해 주신다. 이렇게 해야 성령 안에서 행하고 그분의 인도하심 가운데 살아갈 수 있기 때문이다. 우리는 하나님의 영으로 충만한 삶을 살면서 육신의 정욕을 따르지 않게 된다.

이렇게 그분의 영으로 살아가는 원리를 온전히 깨달으면, 새로운 승리의 전략을 알게 된다. 그러면 우리가 영으로 기도할 때, 진리로 기도한다는 사실을 깨닫게 된다. 우리가 아는 바와 같이 진리가 우리를 자유롭게 한다! 그리고 주의 영이 계신 곳에 자유가 있다! 하나님의 아들이 있는 자는 참된 자유를 얻게 된다.

천사들은 하나님의 자녀들을 섬기도록 보냄 받았다

우리는 하나님 나라의 백성으로서 천사들이 우리를 섬기도록 보냄 받았다는 사실을 정확히 이해해야 한다. 천사들은 오직 우리의 삶을 향한 하나님의 뜻과 그분의 나라를 위해서만 섬긴다. 그러므로 무엇이든 육신의 본성으로 행하는 것과 육신 안에서 행하는 것은 하나님의 뜻을 거스른다. 사도 바울에 따르면, 우리는 하나님의 자녀로서 성령님께 순복해야 한다.

> 육신을 따르는 자는 육신의 일을, 영을 따르는 자는 영의 일을 생각하나니 육신의 생각은 사망이요 영의 생각은 생명과 평안이니라 육신의 생각은 하나님과 원수가 되나니 이는 하나님의 법에 굴복하지 아니할 뿐 아니라 할 수도 없음이라 육신에 있는 자들은 하나님을 기쁘시게 할 수 없느니라 만일 너희 속에 하나님의 영이 거하시면 너희가 육신에 있지 아니하고 영에 있나니 누구든지 그리스도의 영이 없으면 그리스도의 사람이 아니라 또 그리스도께서 너희 안에 계시면 몸은 죄로 말미암아 죽은 것이나 영은 의로 말미암아 살아 있는 것이니라 예수를 죽은 자 가운데서 살리신 이의 영이 너희 안에 거하시면 그리스도 예수를 죽은 자 가운데서 살리신 이가 너희 안에 거하시는 그의 영으로 말미암아 너희 죽을 몸도 살리시리라 그러므로 형제들아 우리가 빚진 자로되 육신에게 져서 육신대로 살 것이 아니니라 너희가 육신대로 살면 반드시 죽을 것이로되 영으로써 몸의 행실을 죽이면 살리니 무릇 하나님의 영으로 인도함을 받는 사람은 곧 하나님의 아들이라 (롬 8:5-14)

사도 바울이 성령으로 전하는 이 강력한 말씀을 통해 우리는 성령님이 그리스도인의 삶에 매우 중요하다는 사실을 깨닫게 된다. 성령님은 우리가 육신이 아니라 그분의 사고방식과 이끄심에 따라 살아갈 수 있게 해 주신다.

마찬가지로 천사들도 우리가 오직 성령 안에서 행할 때에만 섬기도록 보냄 받는 것이다. 그런데 안타깝게도 우리가 불순종한 결과들을 처리하느라 천사들의 수고가 낭비되는 경우가 너무나도 많다. 그뿐만 아니라 천사들은 우리가 성령님께 순복하지 않음으로 야기된 위험들로부터 우리를 지키기 위해 애써야 한다.

히브리서 기자에 따르면, 불순종은 용인되어서는 안 된다. 이미 말했듯이, 불순종하거나 하나님의 길을 거역하는 자들은 그에 합당한 보응을 받게 된다. 천사들은 우리의 불순종으로 야기된 상황을 바로잡기 위해 보냄 받은 것이 아니다. 천사들이 우리에게 파송된 참된 목적은 우리와 동역하여 하나님 나라의 일을 성취하기 위함이다. 그런데 안타깝게도 우리의 거역으로 야기된 상황들을 바로잡는데 천사들의 시간과 에너지가 소모되는 경우가 많다.

기억하라. 중요한 것은 우리가 하나님의 자녀라는 사실이다. 그러므로 이 땅에서 우리에게 주어진 사명을 성공적으로 완수하려면, 하나님의 영의 인도함을 받는 것과 천사들이 하나님의 자녀인 우리를 섬기도록 보냄 받았다는 사실이 밀접한 관련이 있음을 알아야 한다.

우리는 흘러 떠내려가지 않도록 우리가 들은 진리에 유념해야 한다

이것은 하나님께서 우리에게 맡겨 주신 일을 놓치지 않고, 그것에 계속 몰입하고 집중하는 것과 관련이 있다. 천사들은 뛰어난 집중력으로 주 예수 그리스도께서 정해 주신 순서를 그대로 따른다. 그리고 성령님은 천사들의 활동을 지켜보며 우리가 행하는 모든 것이 하나님의 목적에 완전히 부합하는지 확인하신다.

우리가 하나님의 말씀대로 행하면서 하나님의 영이 속사람을 다스리도록 허락해 드리면, 모든 것이 잘된다. 그러나 원래의 계획에서 벗어나 죄와 불순종에 빠지면, 성령님을 근심하게 할 수 있다. 천사들은 그런 사람이 하나님의 계획을 성취하도록 도울 수 없다. 구약 시대에도 주님의 천사를 근심케 하는 일이 있었다. 천사들은 이스라엘 백성이 불순종할 때, 그들을 판단할 권한이 있었다.

내가 사자를 네 앞서 보내어 길에서 너를 보호하여 너를 내가 예비한 곳에 이르게 하리니 너희는 삼가 그의 목소리를 청종하고 그를 노엽게 하지 말라 그가 너희의 허물을 용서하지 아니할 것은 내 이름이 그에게 있음이니라 네가 그의 목소리를 잘 청종하고 내 모든 말대로 행하면 내가 네 원수에게 원수가 되고 네 대적에게 대적이 될지라 내 사자가 네 앞서 가서 너를 아모리 사람과 헷 사람과 브리스 사람과 가나안 사람과 히위 사람과 여부스 사람에게로 인도하고 나는 그들을 끊으리니 너는 그들의 신을 경배하지 말며 섬기

지 말며 그들의 행위를 본받지 말고 그것들을 다 깨뜨리며 그들의 주상을 부수고 (출 23:20-24)

본문은 우리가 하나님께 순종하여 그분과 동행하기 원하신다고 분명하게 말씀한다. 이스라엘 백성과 동행할 준비가 된 천사는 하나님의 완전한 뜻을 전달받은 상태였다. 그 천사가 항상 이스라엘 자손의 눈에 보이는 것은 아니었다. 하지만 숨겨진 예정이 있었는데, 그것은 그들을 하나님께서 예비해 놓으신 땅으로 인도해 들이는 것이었다.

잊지 말라. 천사가 항상 보이는 것은 아니지만, 하나님은 그들을 노엽게 하지 말라고 하시며, 그들을 인정하고 그들의 음성을 따르라고 말씀하신다. 그러므로 우리는 천사들을 노엽게 해선 안 된다. 심지어 하나님은 천사의 말을 잘 따르라고 말씀하신다. 하나님의 이름이 그 안에 있기 때문에 그러한 허물, 곧 불순종을 용납하지 않으신다는 것이다.

여기서 하나님은 우리가 천사의 목소리를 청종하면, 우리의 원수들에게 원수가 되어 주시고, 우리의 대적들에게 대적이 되어 주시겠다고 분명하게 말씀하셨다. 천사는 이스라엘 백성보다 먼저 가서 그들의 원수들을 제하여 버렸다. 주님은 이들 천사들을 통해 원수들을 완전히 뒤엎고, 그들이 의지하는 주상들을 완전히 깨뜨려 버리실 것이라고 약속하셨다.

천사들과의 동역은 성령 안에서 행하는 자들에게 실제로 일어나는 일이다. 우리는 하나님의 부르심과 사명에 위축되거나 망설여서는 안 된다. 또한 하나님께서 위임하신 일을 할 때에 천사들이 우리 곁에서 돕는다는 사실을 믿어야 한다.

천사들이 하는 말은 확고하다

이것은 천사들이 하는 말에 초점을 맞춘 것이다. 우리는 천사들이 하나님을 대신해서 말한다는 것을 알아야 한다. 천사들이 하는 말은 확고하다. 하나님을 대신하는 것이기에, 그들의 말은 하나님의 말씀이다. 그러므로 우리는 그것을 진중하게 받아들여야 한다.

천사의 섬김을 받으며 하나님의 계획과 목적에 동참하기 원한다면, 천사들의 말을 엄숙하게 받아들여야 한다. 천사의 방문을 가벼이 여기지 말라. 이 땅 위에 복음과 하나님 나라를 확장하기 위해 천사들과 동역하는 것은 하나님뿐만 아니라 그분의 천사들에게도 대단히 중요한 일이다.

지금 우리를 담당하고 있는 천사들은 예수 그리스도께서 천년왕국에서 다스리실 때에도 우리의 직무를 도울 것이다. 그러므로 지금 우리를 돕고 있는 천사들과 좋은 관계를 발전시키는 것이 중요하다. 특히 그들의 말과 행동을 존중해야 하는데, 그것이 그들과의 관계에 기초가 되기 때문이다. 이 천사들은 영원토록 우리와 함께 사역하게 될 가능성이 크다.

모든 범죄함과 순종하지 않음은 그에 합당한 보응을 받게 될 것이다

여기에는 하나님뿐만 아니라 천사들의 명령에도 주의를 기울일 책임이 있다는 의미가 포함되어 있다. 성경은 히브리서 2장 2-3절에서 분명하게 말씀한다. "모든 범죄함과 순종하지 아니함이 공정한 보응을 받았거든 우리가 이같이 큰 구원을 등한히 여기면 어찌 그 보응을 피하리요." 그러므로 우리는 우리 자신의 구원뿐만 아니라 추수, 곧 다른 사람들이 하나님 나라에 들어오는 것에도 주의를 기울여야 한다. 다른 사람들도 들어와서 구원을 누리도록 천사들과 동역해야 한다.

천사들은 보이지 않는 곳에서 우리를 위해 사역한다. 믿지 않는 자들이 구원받게 하는 일도 천사들의 사역에 포함된다. 천사들은 사람들이 구원받는 것을 기뻐한다. 예수님은 "그럼에도 내가 너희에게 말한다. 이와 같이 [특히] 회개하는(과거의 죄를 혐오하면서, 더 나은 것으로 생각을 바꾸고, 마음을 다해 자기의 길을 고치면) 악한 사람 하나가 하나님의 사자들 앞에서 기쁨이 된다"(눅 15:10, 확대역)라고 하시며, 이것에 대해 말씀하셨다.

중요한 것은 하나님의 말씀을 듣고, 그대로 순종하는 것이다. 천사들은 하나님의 말씀을 선포하고, 그대로 행하는 일에 관여한다. 이 마지막 때에 하나님의 운행하심에 참여한다는 것은 참으로 멋진 일이다. 말씀을 들었지만, 그것에 주의를 기울이지 않는 사람들과 같이 되지 말라. 성경은 천사들의 말을 따르는 것이 얼마나 중요한지 보여 준다. 사도행전은 이렇게 말한다. "너희는 천사들을 통해 제정하고 정리하여 전달된 율법을 받고도 [그럼에도] 그것을 지키지 않았다!"(행 7:53, 확대역)

주께서 말씀하신 것은 그것을 들은 자들에 의해 확증된다

주님이 그분의 말씀을 행하심으로 확증하시기 시작하면, 천사들의 활동이 활발해진다. 사도행전을 보면, 표적과 기사가 따르는 것으로 주님이 믿는 자들과 함께하셨음을 알 수 있다. 사실 그 당시의 지도층은 그들이 예수님과 함께 있었다는 사실에 주목했다(행 4:13). 복음을 전하는 자들에게 분명하게 나타나는 것 중 하나가 그들이 전하는 것을 확증하며 뒤따르는 표적과 기사들이라고 할 수 있다.

성경은 예수님이 승천하신 후 믿는 자들에 대해 이렇게 말씀한다. "주 예수께서 말씀을 마치신 후에 하늘로 올려지사 하나님 우편에 앉으시니라 제자들이 나가 두루 전파할새 주께서 함께 역사하사 그 따르는 표적으로 말씀을 확실히 증언하시니라 아멘"(막 16:19-20). 어떤 사람이 예수님을 증거할 때 일어나는 수많은 표적과 기사들은 보이지 않는 곳에서 천사들이 동역하고 있음을 말해 준다.

비밀의 장막 너머에 있는 천사들이 활동하는 세계를 이해하고 경험하려면, 무엇보다도 이 다섯 가지 사실을 붙잡아야 한다. 천사들은 우리를 위해 사역하도록 보냄 받은 동역자들이다. 그늘은 부슨 일을 행하든, 그것을 인정받으려 하지 않는다. 오직 예수님과 지극히 높으신 하나님만이 영광 받으시길 바랄 뿐이다.

> 이것들을 보고 들은 자는 나 요한이니 내가 듣고 볼 때에 이 일을 내게 보이던 천사의 발 앞에 경배하려고 엎드렸더니 그가 내게 말하기를 나는 너와 네 형제 선지자들과 또 이 두루마리의 말을 지키는 자들과 함께 된 종이니 그리하지 말고 하나님께 경배하라 하더라 또 내게 말하되 이 두루마리의 예언의 말씀을 인봉하지 말라 때가 가까우니라 불의를 행하는 자는 그대로 불의를 행하고 더러운 자는 그대로 더럽고 의로운 자는 그대로 의를 행하고 거룩한 자는 그대로 거룩하게 하라 (계 22:8-11)

이제 알아야 한다

어느 날 야곱이 자려고 누웠는데, 보이지 않는 천사의 세계가 드러났다. 이 일을 통해 야곱은 자기 주변에서 생각보다 더 많은 일이 벌어지고 있음을 깨닫게 되었다. 그는 인류 전체를 향한 하나님의 계획의 일부였다. 사실 지극히 높으신 하나님은 같은 장소에서 그의 할아버지 아브라함에게도 이 계획을 드러내신 적이 있었다. 이곳은 바로 벧엘이었다. 수십 년 전 아브라함은 창세기 12-13장에서 다음과 같은 일을 일을 경험했다.

> 여호와께서 아브람에게 나타나 이르시되 내가 이 땅을 네 자손에게 주리라 하신지라 자기에게 나타나신 여호와께 그가 그 곳에서 제단을 쌓고 거기서 벧엘 동쪽 산으로 옮겨 장막을 치니 서쪽은 벧엘이요 동쪽은 아이라 그가 그곳에서 여호와께 제단을 쌓고 여호와의 이름을 부르더니 (창 12:7-8)

> 그가 네게브에서부터 길을 떠나 벧엘에 이르며 벧엘과 아이 사이 곧 전에 장막 쳤던 곳에 이르니 그가 처음으로 제단을 쌓은 곳이라 그가 거기서 여호와의 이름을 불렀더라 (창 13:3-4)

많은 선진들이 제단을 쌓고 주님의 뜻을 위해 자신을 구별했다는 사실은 우리의 호기심을 자극한다. 또한 예전에 세워진 제단들이 더 이상 존재하지 않는데도 그 제단들 때문에 영적인 일이 벌어지면서 하늘의 문이 열리게 되었다. 그런데 야곱이 수십 년 전 그의 조부 아브라함이 제단을 쌓는 데 사용했을지도 모르는 돌 하나를 가져다가 베개로 쓴 것이다. 그 돌은 주님께 의미 있는 것이었기에 그 안에 하나님의 기름부음이 있었다. 그 돌은 한때 보이지 않는 하나님을 믿음으로 본 한 사람(히 11:27), 아브라함이 은밀히 쌓은 제단의 일부였나.

야곱은 오늘날 대부분의 그리스도인들이 경험하는 것과 비슷한 상황에 처해 있었던 것 같다. 우리는 믿음의 계보 가운데 있는 영적 유산을 망각한다. 그로 인해 광야에서 하나님의 뜻을 구하며 헤매고 있을지라도, 항상 기억하라. 어쩌면 우리는 하늘의 영역을 여는 데 사용된 신비한 돌 위에 앉아 쉬고 있을지도 모른다.

모든 사람이 정점을 향해, 인생의 광야에서 각자의 일을 끝마칠 때를 향해 가고 있다. 그러던 중 쉬려고 누웠다가 하늘 문이 열린 곳에 있다는 사실을 깨닫게 될 수도 있다. 도처에 천사들이 있다. 그러므로 우리는 비밀 임무와 관련된 정보를 받을 준비가 되어 있어야 한다.

그동안 야곱은 브엘세바를 떠나 하란을 향해 길을 나섰다. 해 질 무렵, 그는 진을 치기 좋은 곳에 이르러 그곳에서 하룻밤을 지냈다. 야곱은 머리에 벨 돌 하나를 발견하고는 자려고 누웠다. 그는 자다가 꿈에 땅에서 하늘까지 닿아 있는 계단을 보았다. 또 보니, 하나님의 천사들이 그 계단을 오르내리고 있었다. 계단 꼭대기에는 주님이 서 계셨는데, 그분이 야곱에게 말씀하셨다. "나는 주, 네 조부 아브라함의 하나님이며, 네 아버지 이삭의 하나님이다. 네가 누워 있는 땅은 네 것이다. 내가 이것을 너와 네 후손들에게 주겠다. 네 후손들은 땅의 먼지처럼 많아질 것이다! 그들은 동서남북 사방으로 퍼져 나갈 것이다. 그리고 땅의 모든 족속들이 너와 네 후손들을 통해 복을 받게 될 것이다. 게다가 내가 너와 함께하며 어디를 가든 보호해 줄 것이다. 언젠가 내가 너를 다시 이 땅으로 데려올 것이다. 내가 네게 약속한 것을 다 이루기까지는 너를 떠나지 않을 것이다." 그 후 야곱이 잠에서 깨어 말했다. "주께서 분명 이곳에 계시는데, 나는 그것을 알아차리지도 못했구나." 또 야곱은 두려워하며 말했다. "이곳은 너무나 두려운 곳이다! 여기가 바로 하나님의 집이며, 하늘의 문이구나!" 야곱은 다음 날 아침 일찍 일어났다. 그는 베고 잤던 돌을 가져다가 기념하는 기둥으로 세우고, 그 위에 기름을 부었다. 그는 그곳을 (하나님의 집을 뜻하는) '벧엘'이라 이름 지었는데, 이곳의 이전 이름은 루스였다. (창 28:10-19, NLT)

우리는 주님의 교훈과 훈계 가운데 지속적으로 성장하면서(엡 6:4) 성령의 계시가 우리의 삶을 다스리게 해야 한다. 성령님은 우리의 눈을 열어 그분의 세계를 들여다보게 하실 수 있다. 이 영역은 실질적이며 매우 실제적이다. 우리 하나님은 이 실제적인 영역 가운데 활동하는 천군 천사들의 하나님이시다. 이 세계는 육신의 눈에는 보이지 않는다.

미가야 선지자는 이 세계를 보고 이렇게 말했다. "주께서 하시는 말씀을 들으십시오! 제가 보니 주께서 보좌에 앉아 계시는데, 모든 하늘의 군대들이 그분의 좌우에 둘러서 있습니다"(왕상 22:19, NLT). 천사들이 보이시 않는 곳에서 은밀하게 활동하는 경우가 많기는 하지만, 우리도 그들과 더불어 보이지 않는 영역에 계시는 전능하신 하나님을 섬기고 있다는 사실을 지속적으로 기억해야 한다. 이 순간에도 그분은 천군, 곧 그분의 뜻을 행하는 하늘 군대의 경배를 받고 계신다!

> 그의 모든 천사여 찬양하며 모든 군대여 그를 찬양할지어다 (시 148:2)

Chapter 2

절대적 진리

주의 말씀은 총체적으로 완전한 진리에 더하여지고,
주의 의로운 규례는 모두 다 영원하리로다(시 119:160, TPT).

Chapter 2

　예수님과 함께 천국에 있을 때 알게 된 가장 심오한 것 중 하나는 절대적 진리의 특성이었다. 이것은 아무리 강조해도 부족하다. 이 세대의 믿는 자들이 수행해야 할 가장 어려운 일 중 하나는, 바로 이 진리를 매일의 삶 가운데 우리의 생각에 적용하는 것이다. 삶 가운데 천사들과 올바르게 교류하며 초자연적인 것을 보기 원한다면, 절대적 진리를 온전히 이해해야 한다.

　이 과정을 시작하는 가장 좋은 방법은 하나님과 진리를 분리할 수 없다는 사실을 이해하는 것이다. 하나님께서 행하고 말씀하시는 것은 모두 태초에 세워진 진리에 근거하고 있다. 그분이 바로 진리이시기 때문이다. 사람이 절대적 진리에 삶의 기반을 두면, 하나님이라는 단단한 반석 위에 굳건히 서게 된다.

　거짓말을 살하는 사람을 믿기는 어렵다. 또 자기가 한 말을 지키지 않는 사람도 신뢰할 수 없다. 자기가 한 말을 지키지 않으면 관계 가운데 불신을 야기하게 된다. 그리스도인들은 진리를 말하고, 그 약속을 지키는 것의 중요성을 알아야 한다. 하나님의 다음 운행하심이나 천사들의 활동에 믿을 만한 사람들, 말한 대로 행하는 그리스도인들이 필요하기 때문이다.

천국에서는 그 사람 자체와 그가 하는 말 사이에 차이가 없다. 그 사람과 그의 말은 하나이며 동일한 것으로 여겨진다. 이유가 뭘까? 하나님이 하시는 말씀마다 그대로 이루어지기 때문이다. 그분은 어떤 것을 말씀하시고, 그것을 이행하지 않으시는 분이 아니다. 하나님은 자신이 한 말씀을 지키시기 때문에 완전히 신뢰할 만한 분이시다.

어떤 관계에서든 자기가 한 말을 지켜 약속한 대로 이행하면, 강한 신뢰가 형성된다. 이것이 바로 믿음에 대한 히브리적 사고방식이다. 이와 같이 천국에서는 하나님의 말씀이 우주의 기초이다. 하나님께서 말씀으로 세상을 창조하셨기 때문에 그분의 말씀은 영원하다.

> 믿음으로 모든 세계가 하나님의 말씀으로 지어진 줄을 우리가 아나니 보이는 것은 나타난 것으로 말미암아 된 것이 아니니라
> (히 11:3)

노아 웹스터(Noah Webster) 사전은 '절대적 진리'를 다음과 같이

정의한다.

절대적(형용사)

1. (일반적인 의미에서 문자 그대로) 외부의 모든 것으로부터 독립된, 자유로운

2. 그 자체로 완전한, 단정적인 ex) 절대적인 선언

3. 무조건적인 ex) 절대적 약속

4. 다른 어떤 원인 없이 존재하는 ex) 하나님은 절대적이시다

5. 외부의 권세나 통제력에 제한받지 않는

    ex) 절대 정부 또는 절대 군주

6. 상대적이지 않은

    ex) 절대공간(뉴턴의 학설에서 모든 상대적 공간의 근원이며 기준이 된다고 생각된 영원분별의 공간으로 상대성이론 출현 이후 부정되었다)

진리(명사)

1. 사실 또는 실제와 일치됨, 있거나 있었거나 있을 것과 정확하게 합치됨

    그들을 진리로 거룩하게 하옵소서 아버지의 말씀은 진리니이다 (요 17:17)

2. 사건 또는 상황의 참된 상태

    ex) 사법새판소의 의부는 신리를 발견하는 것이다. 목격자들은 온전한

진리, 곧 오직 진리만 선포하기로 서약한다.

이들 단어를 연구하면, 하나님이 진리의 창시자라는 사실을 깨닫게 된다. 그분은 영원토록 변함없이 이러한 진리를 행하고 보존하실 수 있다. 하나님께서 하늘에서 정하고 세우신 것을 바꿀 수 있는 사람은 아무도 없다. 하나님은 그분의 나라에 있는 모든 것에 대한 최종 결정권을 가지신 분이다.

천국에는 건의함이 없다

전능하신 하나님은 영원하시다. 이것은 그분이 시간과 거리 등 다른 어떤 제약도 없는 세계에서 항상 존재해 오셨고, 존재하실 것이라는 말이다. 이사야 선지자는 이렇게 말했다. "지극히 존귀하며 영원히 거하시며 거룩하다 이름하는 이가 이와 같이 말씀하시되 내가 높고 거룩한 곳에 있으며 또한 통회하고 마음이 겸손한 자와 함께 있나니 이는 겸손한 자의 영을 소생시키며 통회하는 자의 마음을 소생시키려 함이라"(사 57:15).

하나님이 창세전부터 계셨다는 개념을 이해하려면, 먼저 마음을 변화시켜 영원의 개념을 알아야 한다. 이를 위해서는 진리를 계시해 주시는 성령님을 온전히 의지해야 한다. 성령님께 진리를 계시해 달라고 구한 뒤에는 생각을 새롭게 함으로 진리를 강화시켜야 한다(롬 12:2). 이런 과정을 통해 성숙해진 그리스도인은 하나님의 성품과 인류를 향한 그분의 계획과 목적을 알게 된다.

천사들과 동역할 때, 우리는 반드시 하나님의 성품을 이해해야 한다. 하나님은 우리의 생각이나 의견에 따라 일을 행하시는 분이 아니다. 전능하신 주 하나님은 사람이 존재하기 아주 오래전부터 이미 진리 안에 확고히 서 계셨다. 천사들은 사람보다 먼저 창조되었는데, 그들에게는 따로 의견이 없다. 그들은 주님의 뜻을 수행하도록 창조되었다. 시편 기자는 이렇게 말한다. "능력이 있어 여호와의 말씀을 행하며 그의 말씀의 소리를 듣는 여호와의 천사들이여 여호와를 송축하라"(시 103:20).

천사들은 영원과 '절대적 진리'를 이해한다. 하나님이 하시는 모든 말씀이 영원하기 때문에 천국에는 건의함이 없다. 우리는 주님을 경외함으로 하나님의 뜻을 받아들일 수 있게 된다. 또한 하나님이 이미 진리로 확정해 놓으신 것도 우리가 하나님의 뜻을 받아들일 수 있게 돕는다. 주님을 향한 경외심을 깨달으면 겸손해지고, 주 하나님이 전지(全知)하신 분이라는 사실을 더 온전히 이해하게 된다.

천사들이 내게 전해 준 것은 하나님의 절대적 진리였다. 천사들이 전한 내용은 결코 논의의 대상이 아니었다. 하나님이 그들을 보내신 이유에 대해 내 의견을 말할 필요는 없다. 우리가 먼저 하나님의 친구가 되지 않으면, 천사들과도 친구가 될 수 없다. 그들은 오직 명령만 수행할 뿐이다. 그들이 주님과 감정적으로 연결되어 있다고 해서 우리와도 그런 것은 아니다. 따라서 우리가 하는 말이 주님의 말씀과 일치하지 않으면, 천사들은 절대로 우리의 뜻에 따르지 않는다.

하나님께서 모세에게 다음과 같이 말씀하신 것을 기억하라. "내가 사자를 네 앞서 보내어 길에서 너를 보호하여 너를 내가 예비한 곳에 이르게 하리니 너희는 삼가 그의 목소리를 청종하고 그를 노엽게 하지 말라 그가 너희의 허물을 용서하지 아니할 것은 내 이름이 그에게 있음이니라 네가 그의 목소리를 잘 청종하고 내 모든 말대로 행하면 내가 네 원수에게 원수가 되고 네 대적에게 대적이 될지라"(출 23:20-22).

천사들과 관련해서 교회와 모든 믿는 자들에게 주어진 메시지는 이것이다. "너희의 천사들을 근심하게 하거나 노엽게 하지 말라!"

진리가 기초다

정의와 공정이 주님의 보좌를 받들고, 사랑과 신실이 주님을 시중들며 앞장서 갑니다. (시 89:14, 새번역)

주님께서 진리의 기초를 놓으셨고, 그 진리는 그분의 보좌에서 시작되었다. 시편 기자에 따르면, 하나님의 보좌는 정의와 공정 위에 세워져 있다. 주님은 공정하게 심판하신다. 공정이 그분의 권세의 자리를 이루고 있기 때문이다. 또한 그분은 정의롭게 다스리신다. 정의가 그분의 보좌를 받들고 있기 때문이다. 하나님이 말씀하시면, 그분이 놓으신 기초가 그분께 능력과 권세가 된다.

보좌에 앉으신 전능하신 하나님의 음성에는 인간의 상상을 초월하는 능력과 권세가 있다. 그분의 음성이 울리면, 주님에 대한 경외심이 그곳을 온전히 덮는다. 시편 89편은 하나님의 보좌 앞에서 시중드는 '사랑'과 '신실'에 대해 언급한다. 또한 보좌는 거룩한 천사들이 있는 곳이기도 하다. 그들은 보좌를 에워싸고 우리의 하늘 아버지를 바라본다. 이 강력한 사자들은 주님의 음성을 듣고 순종한다. 천사들은 그분의 명령을 행한다.

> 여호와께서 그의 보좌를 하늘에 세우시고 그의 왕권으로 만유를 다스리시도다 능력이 있어 여호와의 말씀을 행하며 그의 말씀의 소리를 듣는 여호와의 천사들이여 여호와를 송축하라 그에게 수종들며 그의 뜻을 행하는 모든 천군이여 여호와를 송축하라 여호와의 지으심을 받고 그가 다스리시는 모든 곳에 있는 너희여 여호와를 송축하라 내 영혼아 여호와를 송축하라 (시 103:19-22)

여기에는 그리스도인들이 깨달아야 할 몇 가지 진리들이 계시되어 있는데, 이것은 천사들이 존재하는 목적뿐만 아니라, 하나님의 능력과 권세를 이해하는 데 필수적인 내용들이다. 우리는 절대적 진리의 기초에 집중하고, 하나님 나라의 이러한 사고방식 안으로 들어가야 한다. 당신에게 막중한 업무가 맡겨졌는데, 여기에는 천사들과 동역하는 것도 포함된다. 아래에 중요한 내용 네 가지를 정리해 놓았다.

- 주님이 하늘에 보좌를 세우셨다.

- 그분의 나라가 모든 것을 다스린다.

- 그분의 천사들은 전능하신 하나님을 위해 세 가지 놀라운 일들을 행한다. 천사들은 항상 다음과 같을 것이다.
  - 능력이 탁월하다.
  - 그분의 말씀을 행한다.
  - 그분의 말씀이 선포되는 소리에 주의를 기울인다.

- 모든 천군 천사들은 그분의 사역자들이다. 따라서 그들은 항상 다음과 같은 일들을 행할 것이다.

- 하나님이 기뻐하시는 일을 행한다.

- 그분이 하시는 모든 일을 관장한다.

- 그분이 통치하시는 모든 곳에 있다.

주님이 하늘에 보좌를 세우셨다

영원한 세계에 계시는 하나님께는 한계나 제약이 없다. 하나님의 잠재력이나 가능성은 한계가 있는 우리와 달리 무한하시다. 주님이 항상 존재하셨고, 계속해서 영원토록 존재하실 것이라는 사실을 이해하는 것은 쉬운 일이 아니다. 영원히 존재하시는 주님의 보좌는 항상 모든 피조물의 능력의 자리였으며, 영원토록 그럴 것이다.

하나님 아버지와 아들과 성령님은 모두 사람이 창조되기 오래전부터 선재(先在)하고 계셨다. 사실, 거룩한 천사들도 인류보다 먼저 창조되었다. 전능하신 하나님께서는 욥에게 다음과 같이 말씀하셨다.

> 내가 땅의 기초를 놓을 때에 네가 어디 있었느냐 네가 깨달아 알았거든 말할지니라 누가 그것의 도량법을 정하였는지, 누가 그 줄을 그것의 위에 띄웠는지 네가 아느냐 그것의 주추는 무엇 위에 세웠으며 그 모퉁잇돌을 누가 놓았느냐 그때에 새벽 별들이 기뻐 노래하며 하나님의 아들들이 다 기뻐 소리를 질렀느니라 (욥 38:4-7)

우리는 온 우주의 하나님이 항상 존재하셨다는 것을 깨달아야 한다. 이 땅에 있을 성령님의 마지막 운행하심을 위해 우리를 섬기도록 하늘의 천사들이 파견될 것이다. 천사들은 우리보다 먼저 창조되어 일찍부터 하나님 나라에 존재했다. 천사들이 철저하게 우리의 명령에 따르게 하려면, 하나님이 영원하시다는 사실을 받아들여야 한다. 그분은 선재하심(pre-existence) 가운데 보좌를 세우셨고, 그 보좌로부터 권세를 가지고 우주를 다스리신다. 능력 있는 천사들도 우리보다 먼저 창조되었다. 그들의 목적은 항상 하나님의 계획을 성취하는 것이었다. 주님은 보좌에서 계획을 세우셨고, 그분의 보좌는 천국에 온전히 세워져 있다.

그분의 나라가 모든 것을 다스린다

계속해서 우리는 하나님이 선재하셨다는 것과 주님이 창조하신 모든 것을 다스리신다는 사실을 알아야 한다. 하나님 나라가 모든 피조물을 다스린다. 천사들은 우리보다 먼저 창조되었기 때문에 모든 피조물 안에 있는 하나님의 권세를 이해한다. 하나님을 능가하거나 그분을 권능의 자리에서 몰아낼 다른 권세를 만들어 낼 수 있는 존재나 세력은 없다.

천사들은 온 우주에 보내심을 받아 피조물에 대한 하나님의 통치를 시행한다. 사도 바울이 로마서에서 말한 것이 이루어질 때까지 그들의 일은 계속될 것이다.

> 생각하건대 현재의 고난은 장차 우리에게 나타날 영광과 비교할 수 없도다 피조물이 고대하는 바는 하나님의 아들들이 나타나는 것이니 (롬 8:18-19)

우리는 현재의 삶뿐만 아니라, 다음 세상에서도 그분과 함께 다스리고 통치하도록 택함 받았다. 바울은 그리스도인들을 "하나님의 아들들"이라고 언급한다. 참된 그리스도인들은 성령 안에서 행하며 육신의 소욕을 만족시키지 않는다. "무릇 하나님의 영으로 인도함을 받는 사람은 곧 하나님의 아들이라"(롬 8:14). 그러므로 천사들이 동역자로서 그리스도인들과 함께 하나님 나라를 시행한다.

우리는 대단히 특별한 시대로 들어가고 있다. 천사들이 그리스도인들과 더불어 성령 안에서 엄청난 연쇄 반응을 일으키기 위해 임하고 있다. 요한계시록 19장 10절은 다음과 같이 말씀한다.

> 내가 그에게 경배하려고 그의 발 앞에 엎드리니 그가 내게 말하기를 "보라, 그리하지 말라. 나는 예수의 증거를 가진 네 형제들과 같은 동료 종이니 하나님께 경배하라. 이는 예수의 증거가 예언의 영임이니라"고 하더라. (한글킹제임스)

이때에 많은 그리스도인들이 일어날 것이니, 준비되어 있으라. 우리는 '천국의 도미노 효과'를 일으키는 데에 참여하게 될 것이다.

여기서 '도미노 효과'란 천국의 영향을 받은 그리스도인들이 다른 사람들에게 연쇄적으로 영향을 끼치는 것을 말한다. 뿐만 아니라 이러한 천국의 영향력에는 그리스도인들을 향한 천사들의 사역도 포함되는데, 이 과정은 하나님 나라의 비밀이다.

그분의 천사들은 전능하신 하나님을 위해 세 가지 놀라운 일들을 행한다

세 가지 놀라운 일들 중 첫째는 천사들의 능력이 탁월하다는 것이다. 그들은 하나님의 보좌로부터 오는 능력으로 활동한다. 이와 관련해서 우리는 완전히 다른 두 종류의 영적 능력을 이해해야 한다. 그리고 이들 능력의 정의를 알아야 주님을 위해 우리의 소명을 완수하도록 돕는 천사들과 그들의 사명을 이해할 수 있다. 이들 두 종류의 능력의 정의는 다음과 같다.

엑수시아(exousia)

영접하는 자 곧 그 이름을 믿는 자들에게는 하나님의 자녀가 되는 권세를 주셨으니 이는 혈통으로나 육정으로나 사람의 뜻으로 나지 아니하고 오직 하나님께로부터 난 자들이니라 (요 1:12-13)

'엑세스티'에서 유래한 이 단어는 어떤 행동을 행할 수 있는 '능력'(ability)을 뜻하는데, 특별히 법률, 정치, 사회, 혹은 도덕적 사건들의 영역 안에서 발휘될 수 있는 힘을 의미한다. 엑수시아는 신약성경에서 108회 사용되었으며, 세속적인 의미에서는 '명령권'(마 8:9, 눅 7:8, 19:17, 20:20)을, 실제적인 의미에서는 '재판권'(눅 23:7)을, 복수로는 '공직자', '당국자'(눅 12:11, 딛 3:1)를 의미한다.

두나미스(dunamis)

오직 성령이 너희에게 임하시면 너희가 권능을 받고 예루살렘과 온 유대와 사마리아와 땅끝까지 이르러 내 증인이 되리라 하시니라 (행 1:8)

'두나마이'에서 유래한 단어로, '성취할 만한 능력, 체력' 또는 '군대, 전투력', '정치력'을 의미한다. 또한 자연의 영역에서 더위와 추위의 기세, 식물들과 자연 요소들을 치유하는 능력이라는 의미로도 사용된다. 두나미스는 신약성경에서 118회 사용되었는데, '강건함, 역량, 타고난 능력', '기적을 행하는 능력', '재물과 부의 능력과 영향력', '수적 우세로 인한 능력과 자원', '군대와 세력과 주권자 안에서 구성된 또는 그 위에 임하는 능력' 등을 나타내는 데 사용되었다.

천사들은 항상 하나님의 말씀대로 행하는데, 이것은 하나님 나라의 절대적 능력을 부분적으로 계시해 준다. 천사들은 그분의 뜻대로 행하는 신실한 종들이다. 하나님의 말씀이 바로 그분의 뜻이다. 우리는 기록된 말씀과 성육신하신 예수 그리스도를 통해 하나님을 안다.

> 태초에 말씀이 계시니라 이 말씀이 하나님과 함께 계셨으니 이 말씀은 곧 하나님이시니라 그가 태초에 하나님과 함께 계셨고 만물이 그로 말미암아 지은 바 되었으니 지은 것이 하나도 그가 없이는 된 것이 없느니라 그 안에 생명이 있었으니 이 생명은 사람들의 빛이라 빛이 어둠에 비치되 어둠이 깨닫지 못하더라 (요 1:1-5)

이 말씀이 바로 예수 그리스도이시다. 바로 이 영적 진리 때문에 천사들이 그분의 말씀이 선포될 때 주의를 기울이는 것이다. 하나님과 그분의 말씀은 하나이고 동일하기 때문에, 어느 누구도 하나님을 말씀으로부터 분리할 수 없다. 하나님이 하신 말씀의 권위에 의문을 품고 있는가? 그렇다면, 하나님의 존재와 권위에 의문을 품고 있는 것이다.

천사들은 이 진리를 확신한다. 절대적 진리는 하나님께서는 그분이 말씀하시는 것을 온전히 성취하신다는 완전무결성에 근거한다. 이 법칙은 하나님 나라의 기초이다. 천사들은 하나님이 창조하신 모든 것에 대해 완전무결하신 분이기에 순종하는 것이다. 그분이 말씀하시면, 그것은 무엇이든 이루어진다. "그러므로 내 입에서 나가는 말도 내가 원하는 것을 이루어 내가 보낸 일에 성공하지 않고는 헛되이(쓸모없이, 결과 없이) 내게 돌아오지 않는다"(사 55:11, 확대역).

모든 천군 천사들은 그분의 사역자들이다

이 마지막 때에 그리스도인들이 하나님 나라에서 성령의 운행하심에 참여하려면, 이 가르침을 받아들여야 한다. 하나님의 모든 천군 천사들은 그분의 사역자들이다! 사역자는 무엇인가? 스트롱 사전은 다음과 같이 설명한다.

디아코니아(diakonia)

'디아코네오'에서 유래한 이 단어는 봉사하는(섬기는) 활동, 곧 '봉사'를 의미한다. 디아코니아는 신약성경에서 34회 사용되었는데, 사도행전과 바울서신에서 자주 나타나고, 복음서에는 누가복음 10장 40절에서만 사용되었다. 주로 '사역', '봉사', '다른 사람들의 명령을 시행하는 자들의 봉사와 섬김'을 의미하는 데 사용되었다.

이 천사들, 곧 사역자들에게는 분명한 특징이 있다. 첫째, 하나님께서 명령하시면, 그분을 위해 그 일들을 완벽하게 해낸다. 이들은 그분이 기뻐하시는 일을 행한다. 하나님을 기쁘게 해 드리기 위해 그분이 원하시는 일을 수행하는 것이다. 여기서 그분이 원하시는 일은 주어진 문제나 상황에 대한 하나님의 마음을 말한다.

기억하라. 하나님이 원하시는 것은 절대적 진리에 근거하고 있으며, 절대적 진리는 언제나 절대적 통치를 이끌어 낸다. 따라서 천사들은 하나님 나라의 일에 기초하여 특별한 임무들을 수행한다. 하나님의 자녀인 우리는 이러한 계획의 일부이다. 이 마지막 때에 하나님은 추수가 임하기를 바라신다.

> 오늘 있다가 내일 아궁이에 던져지는 들풀도 하나님이 이렇게 입히시거든 하물며 너희일까보냐 믿음이 작은 자들아 너희는 무엇을 먹을까 무엇을 마실까 하여 구하지 말며 근심하지도 말라 이 모든 것은 세상 백성들이 구하는 것이라 너희 아버지께서는 이런 것이 너희에게 있어야 할 것을 아시느니라 다만 너희는 그의 나라를 구하라 그리하면 이런 것들을 너희에게 더하시리라 적은 무리여 무서워 말라 너희 아버지께서 그 나라를 너희에게 주시기를 기뻐하시느니라 (눅 12:28-32)

둘째, 천사들은 하나님께서 행하시는 모든 일을 관장한다. 그들은 하나님의 뜻을 시행하고 지지한다. 여기서 그분의 뜻은 모든 피조물을 향한 그분의 마음을 말한다. 하나님의 권세나 다스리심에 의문을 갖는 천사는 아무도 없다. 천사들은 하나님이 명령하시는 것을 감독하고 시행하기 위해 창조되었다. 따라서 우리는 하늘의 영역에서 임무를 수행함으로 이 땅, 곧 물질세계에서 우리를 대신하여 그 일들을 실행에 옮기는 천사들을 신뢰할 수 있다.

셋째, 천사들은 하나님께서 통치하시는 모든 곳에 있다. 통치는 하나님이 다스리시는 곳에서 원수들을 몰아내고 안전하게 경계를 지키는 것과 관련된 강력한 단어이다. 시편 91편에서 주님은 다음과 같이 말씀하신다.

> 하나님께서 그 사자 천사들을 보내시니, 가는 곳마다 너희를 돌보라고 특별히 명하심으로 그들이 모든 위험으로부터 너희를 보호해 주리라. 혹시 올무에 걸릴지라도, 그들이 거기서 너희가 넘어지지 않게 지키리라! 또 어둠의 세력이 맹렬할지라도 해를 받지 않으리니, 너희가 저들을 모두 발로 누르리라! (시 91:11-13, TPT)

> 만일 내가 지체하면 너로 하여금 하나님의 집에서 어떻게 행하여야 할지를 알게 하려 함이니 이 집은 살아 계신 하나님의 교회요 진리의 기둥과 터니라 (딤전 3:15)

보좌

하나님의 보좌가 있는 방은 위엄이 가득하다. 우리는 성경의 여러

구절들을 통해 보좌의 방이 어떤 모습인지 분명하게 그려 볼 수 있다. 보좌는 권세의 자리를 상징하고, 왕의 보좌가 있는 방의 모든 것은 그 분이 다스리시는 나라를 나타낸다. 이사야서에서 이것을 살펴보자.

> 웃시야 왕이 죽던 해에 내가 본즉 주께서 높이 들린 보좌에 앉으셨는데 그의 옷자락은 성전에 가득하였고 스랍들이 모시고 섰는데 각기 여섯 날개가 있어 그 둘로는 자기의 얼굴을 가리었고 그 둘로는 자기의 발을 가리었고 그 둘로는 날며 서로 불러 이르되 거룩하다 거룩하다 거룩하다 만군의 여호와여 그의 영광이 온 땅에 충만하도다 하더라 이같이 화답하는 자의 소리로 말미암아 문지방의 터가 요동하며 성전에 연기가 충만한지라 그때에 내가 말하되 화로다 나여 망하게 되었도다 나는 입술이 부정한 사람이요 나는 입술이 부정한 백성 중에 거주하면서 만군의 여호와이신 왕을 뵈었음이로다 하였더라 그때에 그 스랍 중의 하나가 부젓가락으로 제단에서 집은 바 핀 숯을 손에 가지고 내게로 날아와서 그것을 내 입술에 대며 이르되 보라 이것이 네 입에 닿았으니 네 악이 제하여졌고 네 죄가 사하여졌느니라 하더라 (사 6:1-7)

이 본문을 최대한 깊이 묵상하라. 이런 구절들을 묵상하는 것은 생각과 사고를 변화시키는 데 큰 도움이 된다. 하나님의 보좌가 있는 방에서는 바로 이러한 활동이 지속적으로 일어난다. 천사들은 끊임없이 하나님을 예배하며 그분의 시중을 들고 있다. 전능하신 하나님은 권세 가운데 계시고, 보좌의 방은 그분의 온전한 권세를 나타낸다. 이 보좌의 방에 있는 것은 결코 변하지 않는다. 하나님께서 그분의 나라를 영원히 세우셨기 때문이다.

하나님께서는 진리 위에 그분의 나라의 기초를 놓으셨다. 이 진리는 절대적이고 영원하다. 시편 기자는 이렇게 기록하였다. "여호와는 선하시니 그의 인자하심이 영원하고 그의 성실하심이 대대에 이르리로다"(시 100:5). 심지어 하나님의 보좌는 진리와 의 위에 세워져 있다.

하나님은 온 우주의 권세의 자리에 앉으셔서 피조물들을 다스리고 통치하고 계신다. 사람은 이 땅을 빼앗겼지만, 지금 우리는 예수님과 함께 구속의 과정을 가고 있다. 이것은 그분의 삶과 죽음, 장사됨과 부활, 그리고 승천과 함께 시작되어 추수가 일어나는 마지막 때에 절정에 달할 것이다. 우리가 추수에 참여할 때에 천사들이 우리를 도울 것이다.

> 정의와 공정이 주님의 보좌를 받들고, 사랑과 신실이 주님을 시중들며 앞장서 갑니다 (시 89:14, 새번역)

하나님의 보좌 곁에는 사랑과 신실이 시중을 들고 있으며, 천사들노 있다!

여호와여 주의 기이한 일을 하늘이 찬양할 것이요 주의 성실도 거
룩한 자들의 모임 가운데에서 찬양하리이다 무릇 구름 위에서 능
히 여호와와 비교할 자 누구며 신들 중에서 여호와와 같은 자 누
구리이까 하나님은 거룩한 자의 모임 가운데에서 매우 무서워할
이시오며 둘러 있는 모든 자 위에 더욱 두려워할 이시니이다 여호
와 만군의 하나님이여 주와 같이 능력 있는 이가 누구리이까 여호
와여 주의 성실하심이 주를 둘렀나이다 (시 89:5-8)

우리는 보좌가 있는 방에서 결정되는 계획과 관련된 이 진리들로 우리의 생각을 새롭게 해야 한다. 로마서의 가르침에 따르면, 우리는 계속해서 생각을 새롭게 할 수 있다. 이와 같이 우리의 생각을 새롭게 하면, 천사들의 영역에 들어가게 된다. 그러면 우리가 완수해야 할 사명 가운데 그들의 도움을 받을 수 있게 된다.

그러므로 형제들아 내가 하나님의 모든 자비하심으로 너희를 권하
노니 너희 몸을 하나님이 기뻐하시는 거룩한 산 제물로 드리라 이
는 너희가 드릴 영적 예배니라 너희는 이 세대를 본받지 말고 오직
마음을 새롭게 함으로 변화를 받아 하나님의 선하시고 기뻐하시고
온전하신 뜻이 무엇인지 분별하도록 하라 (롬 12:1-2)

천사들은 하나님의 성품과 권세에 대해 잘 알고 있다. 그들은

주님을 지켜볼 뿐만 아니라 그분과 직접 교류함으로 그분의 성품과 권세에 대해 배우고 있다. 천사들은 하나님의 강한 능력과 아름다움이 나타나는 것을 끊임없이 지켜본다. 하나님의 보좌와 그분의 성품에 대한 모든 성경 구절을 묵상하면, 천사들이 항상 무엇을 보고 있는지 이해하게 될 것이다.

그는 반석이시니 그가 하신 일이 완전하고 그의 모든 길이 정의롭고 진실하고 거짓이 없으신 하나님이시니 공의로우시고 바르시도다 (신 32:4)

새 언약의 진리

우리는 하나님의 영의 방문을 받고 있다는 사실을 인식해야 한다. 우리의 현재는 하나님의 아들이신 예수님에 대한 계시를 드러내고 있다. 그분은 영광 중에 계신 아버지 하나님을 그대로 보여 주시는 분이다.

옛날에 여러 차례 여러 모양으로 예언자들을 통해 조상들에게 말씀하신 하나님께서 이 마지막 날에 아들을 통해 우리에게 말씀하셨습니다. 하나님께서는 그 아들을 만물의 상속자로 세우시고 또한 그를 통해 모든 세상을 지으셨습니다. 그 아들은 하나님의 영광의 광채이시며 하나님의 본체의 형상이십니다. 또한 그분은 그분의 능력 있는 말씀으로 만물을 붙드시며 그 자신을 통해 죄를 깨끗하게 하는 일을 하시고 높은 곳에 계시는 존귀한 분의 오른편에 앉으셨습니다. 그 아들이 천사들보다 훨씬 뛰어나게 되셨으니 이는 그들보다 뛰어난 이름을 상속받았기 때문입니다. (히 1:1-4, 우리말)

지금 교회 안에 예수님의 충만한 계시가 임하고 있다. 오순절 날 마가의 다락방에 있던 사람들에게 부어진 바로 그 성령이 임하고 계신다. 지금 하나님께서 무슨 일을 하고 계시는지는 더 이상 우리에게 숨겨진 계시가 아니다. 사도 바울은 우리의 눈이 열려 성령의 영역을 볼 수 있기를 기도했다.

나는 우리 주 예수 그리스도의 하나님, 영광의 아버지께서 지혜의 영과 계시의 영을 넘치도록 여러분에게 주셔서 그분과 깊은 친밀감을 통해 하나님을 알게 하시기를 기도합니다. 하나님의 빛이 여러분의 상상의 눈을 비추시고, 여러분을 빛으로 넘치게 하셔서 그분의 부르심의 소망의 충만한 계시, 즉 그분이 거룩한 자들인 우리 안에서 발견하시는 하나님의 영광스러운 유업의 부요함을 경험하

기를 기도합니다! (엡 1:17-18, TPT)

진리는 계시의 영에 의해 드러난다. 바로 지금 당신은 진리의 영을 통해 자신의 소명에 대해 계시받고 있다. 당신이 그리스도인으로서 이때를 위해 하나님 나라에 들어왔고, 하나님의 목적을 이룰 수 있도록 천사들이 당신을 돕고 있다는 사실을 기억하라. "또한 당신이 이와 같은 때를 위해 [그리고 바로 이 목적을 위해] 왕후의 자리에 올랐는지 누가 알겠는가?"(에 4:14, 확대역)

주님이 말씀하신다. "모든 것이 잘될 것이다. 너는 나의 존귀한 자녀로 내 앞에서 훈련받고 있으며, 우리 아버지의 사랑에 참여하고 있다. 행하지 않는 것으로 인해 번민할 필요가 없다. 너는 나의 계획 안에 있고, 천사들이 너에 관한 명령을 받았다. 네 뜻을 나에게 순복시키면 형통할 것이다."

진리에 대한 우리의 이해력은 역사 전반, 특히 모세와 선지자들의 계시를 통해 특정한 계시의 단계에 이르게 된다. 모든 것의 상속자이신 예수님이 오셔서 진리를 드러내셨다. 뿐만 아니라 하나님은 그분의 권세로 우주를 유지하고 계시며, 우주는 그분이 하신 말씀의 권위로 확장되고 있다.

예수님이 우리를 구속하셨고, 그분의 피로 우리를 사셨다. 우리는 그분을 통해 아버지 하나님과 화목케 되었다. 그분은 천국으로 들어가셔서 가장 높은 권세의 자리에 앉으셨다. 예수님은 지극히 높으신 분의 오른편 보좌에 앉아 계신다. 그리고 천사들은 보좌 곁에 서서 그분을 경배한다.

하나님께서 어떻게 자신을 모세에게 보여 주셨는지 기억하는가? 그분은 시내산에서 모세의 곁을 지나시며 자신이 모든 영광 가운데 계신 분임을 분명하게 선포하셨다.

> 여호와께서 구름 가운데에 강림하사 그와 함께 거기 서서 여호와의 이름을 선포하실새 여호와께서 그의 앞으로 지나시며 선포하시되 여호와라 여호와라 자비롭고 은혜롭고 노하기를 더디하고 인자와 진실이 많은 하나님이라 인자를 천대까지 베풀며 악과 과실과 죄를 용서하리라 그러나 벌을 면제하지는 아니하고 아버지의 악행을 자손 삼사 대까지 보응하리라 (출 34:5-7)

예수님은 천국의 중심이 되시는 분이다. 그러므로 우리는 성령의 계시를 구하면서, 그분을 바라보는 것이다. 요한복음에서는 이것을 "내가 곧 길이요 진리요 생명이니 나와 하나 되지 않고는 아버지 곁으로 올 자가 없다"(요 14:6, TPT)라고 말씀한다. 우리가 예수님 안에서 가지고 있는 것은 모세가 받은 것보다 훨씬 위대한 것이다.

예수님은 육신이 되어 우리 가운데 걸으셨다. 이러한 그리스도의 성육신을 통해 우리는 아버지 하나님을 훨씬 잘 알 수 있다. 직접 보고 들을 때, 우리의 이해력은 배가된다.

> 말씀이 육신이 되어 우리 가운데 거하시매 우리가 그의 영광을 보니 아버지의 독생자의 영광이요 은혜와 진리가 충만하더라 요한이 그에 대하여 증언하여 외쳐 이르되 내가 전에 말하기를 내 뒤에 오시는 이가 나보다 앞선 것은 나보다 먼저 계심이라 한 것이 이 사람을 가리킴이라 하니라 우리가 다 그의 충만한 데서 받으니 은혜 위에 은혜러라 율법은 모세로 말미암아 주어진 것이요 은혜와 진리는 예수 그리스도로 말미암아 온 것이라 본래 하나님을 본 사람이 없으되 아버지 품 속에 있는 독생하신 하나님이 나타내셨느니라 (요 1:14-18)

천사들에게는 마지막 추수 때에 하나님과 우리를 위해 일할 특권이 있다. 예수님은 이 구원의 계시의 핵심이시다. 천사들은 끊임없이 하늘 아버지의 얼굴을 뵙고 있다. 주님은 맡겨진 일을 행하고 있는 우리를 해치려는 자들에게 다음과 같이 분명하게 경고하신다.

> 너희는 이런 어린아이들 중에 하나라도 업신여기지 않도록 주의하라. 내가 너희에게 말하노니 하늘에 있는 그들의 천사들이 항상 하늘에 계신 내 아버지의 얼굴을 뵙고 있느니라. (마 18:10, 한글킹제임스)

진리의 말씀

　예수님은 자신이 아버지께서 말하게 하신 것만 전한다는 사실을 지속적으로 강조하셨다. 또한 모든 사람에게 그분의 말씀이 영이고 생명이라는 사실을 계속 일깨워 주셨다. 예수님은 영의 세계에서 취하신 아버지의 마음으로 물질세계 가운데 아버지의 말씀을 선포하고 그 말씀대로 행하심으로, 곧 인간을 치유하심으로 하나님을 알려 주셨다.

　우리가 진리를 말할 때, 그것이 나타나는 것은 대단히 중요하다. 우리는 믿기만 하는 것이 아니라, 믿는 것을 또한 선포해야 한다. 우리의 말에 천사들이 활동하게 된다. 그러므로 진리를 선포하는 것은 천국에서 선포되고 있는 말씀에 우리의 말을 일치시키는 것이다.

　우리를 담당하는 천사들은 하나님의 영으로 선포된 우리의 말을 실행에 옮긴다. 하나님은 진리의 영이시기 때문에 이러한 말씀들을 선포하신다. 천사들은 지금 이 순간에도 하나님의 말씀과 진리가 당신의 삶 속에 나타나게 하기 위해 일하고 있다. 하나님의 아들이 말씀하시면 우리는 자유로워진다!

> 그러므로 예수께서 자기를 믿은 유대인들에게 이르시되 너희가 내 말에 거하면 참으로 내 제자가 되고 진리를 알지니 진리가 너희를 자유롭게 하리라 그들이 대답하되 우리가 아브라함의 자손이라 남

의 종이 된 적이 없거늘 어찌하여 우리가 자유롭게 되리라 하느냐 예수께서 대답하시되 진실로 진실로 너희에게 이르노니 죄를 범하는 자마다 죄의 종이라 종은 영원히 집에 거하지 못하되 아들은 영원히 거하나니 그러므로 아들이 너희를 자유롭게 하면 너희가 참으로 자유로우리라 (요 8:31-36)

지금 주님의 말씀이 당신 안에서 형성되고, 불을 만들어 진리에 불을 붙인다. 당신 안에 있는 불로 주 예수 그리스도의 진리를 선포하고, 무슨 일이 일어나는지 지켜보라. 천사들이 바로 지금 당신을 위해 역사하기 시작할 것이다!

진리의 영

아버지께 참되게 예배하는 자들은 영과 진리로 예배할 때가 오나니 곧 이때라 아버지께서는 자기에게 이렇게 예배하는 자들을 찾으시느니라 하나님은 영이시니 예배하는 자가 영과 진리로 예배할지니라 (요 4:23-24)

이 땅에서 '절대적 진리'의 또 다른 측면은 다음과 같다. 그것은 성령이 우리에게 보내졌다는 것이다. 삼위일체 가운데 강력한 위격이신 이분을 통해, 우리는 하나님의 능력과 임재와 권세를 경험하게 된다. 성령에 대해 우리가 알아야 할 가장 중요한 사실 가운데 하나는 그분이 진리의 영이시라는 것이다. 예수님은 성령이 오실 것이라고 알려 주셨다.

> 너희가 나를 사랑하면 나의 계명을 지키리라 내가 아버지께 구하겠으니 그가 또 다른 보혜사를 너희에게 주사 영원토록 너희와 함께 있게 하리니 그는 진리의 영이라 세상은 능히 그를 받지 못하나니 이는 그를 보지도 못하고 알지도 못함이라 그러나 너희는 그를 아나니 그는 너희와 함께 거하심이요 또 너희 속에 계시겠음이라 내가 너희를 고아와 같이 버려두지 아니하고 너희에게로 오리라 (요 14:15-18)

이제 우리 안에 성령이 거하고 계신다. 그리고 그분은 우리가 하나님을 선포하고 증거하기를 바라신다. 성령 안에서 기도하는 것은 하나님의 비밀들을 말하며 기도하는 것이다. 성령님이 인도해 주시지 않으면, 우리는 어떻게 기도해야 할지 모를 것이다. 성령님은 우리가 하나님의 말씀과 우리 삶을 향한 그분의 뜻에 완전하게 일치하는 온전한 기도를 드릴 수 있도록 도우신다.

우리가 하나님의 비밀들을 말하며 기도할 때, 천사들이 우리 주변에 모여든다. 천사들에게는 우리가 선포하는 것들이 하나님의 뜻으로 들리기 때문에 비밀이 아니다. 그들은 즉시 움직일 준비가 되어 있다. 성령 안에서 기도하면, 우리가 하나님의 보좌와 그분의 권세에 순복하는 것이라는 사실을 기억하라.

> 이와 같이, 성령도 우리의 연약함을 붙드시고 도와주십니다. 이를테면 우리가 때때로 어떻게 기도해야 할지, 구해야 할 최선의 것이 무엇인지조차 알지 못할 때가 있습니다. 그러나 그때에 성령께서 우리 안에서 일어나셔서 우리를 대신하여 탄원하시며, 말로 다 표현할 수 없는 깊은 탄식으로 하나님께 간구하십니다. (롬 8:26, TPT)

우리가 성령으로 예수 그리스도를 증거하는 것이 바로 예언의 영에 순복하는 것이다(계 19:10). 성령께서 보좌로부터 절대적 진리를 선포하시도록 허락해 드리는 것이다.

> 내가 아버지께로부터 너희에게 보낼 보혜사 곧 아버지께로부터 나오시는 진리의 성령이 오실 때에 그가 나를 증언하실 것이요 너희도 처음부터 나와 함께 있었으므로 증언하느니라 (요 15:26-27)

앞으로 역사상 전례 없는 가장 위대한 성령의 운행하심이 시작될 것이다. 지금은 모든 그리스도인이 자신의 삶을 온전히 하나님께

내어 드려야 할 때이다. 모든 삶을 주 예수께 바쳐야 한다.

지금은 모든 그리스도인의 삶을 속박하는 모든 묶임들이 파쇄되는 때이다. 그리스도인들은 하나님께 순복함으로 그분을 온전히 섬기지 못하도록 가로막고 있던 것에서 풀려나게 된다. 이러한 장애물들이 사라지면, 놀라운 일들이 일어나게 된다. 예수님은 우리에게 하실 말씀이 많으셨지만, 성령을 보내셔서 우리를 모든 진리로 인도하실 것이라고 말씀하셨다.

> 내가 아직도 너희에게 이를 것이 많으나 지금은 너희가 감당하지 못하리라 그러나 진리의 성령이 오시면 그가 너희를 모든 진리 가운데로 인도하시리니 그가 스스로 말하지 않고 오직 들은 것을 말하며 장래 일을 너희에게 알리시리라 그가 내 영광을 나타내리니 내 것을 가지고 너희에게 알리시겠음이라 무릇 아버지께 있는 것은 다 내 것이라 그러므로 내가 말하기를 그가 내 것을 가지고 너희에게 알리시리라 하였노라 (요 16:12-15)

교회

그리스도인들은 하나님의 목적을 위해 구별되기 때문에 진리로 거룩해진다(요 17:17-19). 그들이 매일의 삶 가운데 영적인 영역에 집중할수록, 교회는 더 빨리 일어나 추수하게 될 것이다.

천사들은 인류를 향한 하나님의 영원한 계획을 실행하기 위해 대기하고 있다. 그리스도인들은 살아 계신 하나님의 교회이며, 음부의 문들은 이러한 하나님의 교회를 대적하여 이길 수 없다. 우리가 바로 천국에 거하는 절대적 진리를 나타내는 자들이다. 또한 살아 계신 하나님의 교회를 통해 이 땅의 모든 그리스도인 안에 거하는 절대적 진리를 나타내는 자들이기도 하다.

여러분은 성전에 완벽하게 맞는 돌들처럼 일어나고 있습니다. 즉 여러분의 삶이 사도들과 선지자들이 놓은 이상적인 터 위에 함께 세워지고 있으며, 무엇보다도 여러분은 이 건물의 모퉁잇돌이시며 기름부음 받은 자이신 예수 그리스도께 친히 연결되어 있습니다!

(엡 2:20, TPT)

Chapter 3

천국의 작전 사령부

미가야가 계속해서 말했다.
"여호와의 말씀을 들으십시오! 내가 보니 여호와께서 그분의 보좌에 앉아 계시고 하늘의 모든 군대가 그분의 좌우편에 둘러서 있습니다"(왕상 22:19, NLT).

| Chapter 3

 주님은 참으로 만군의 하나님이시다. 이번 장에서는 현재 천국의 작전 사령부에서 벌어지고 있는 상황과 활동에 대해 설명할 것이다. 하나님 나라에는 군사 부서가 있으며, 만군의 주께서 천사들의 모든 활동을 주관하신다. 이 땅에서 실행되는 전략들은 바로 이 작전 사령부에서 탄생한다.

 천사들의 활동은 생각보다 더 군사적이다. 이제 우리의 생각을 새롭게 하여 천사들의 사역과 관련된 원칙들을 이해할 때가 되었다. 하나님의 말씀이 우리의 생각을 새롭게 하여 변화되면, 하늘 왕국에서 벌어지는 심오한 일들을 이해할 수 있게 된다. 사도 바울도 로마서에서 우리의 지각이 변화되어야 한다고 이야기했다.

 너희는 이 세대를 본받지 말고 오직 마음을 새롭게 함으로 변화를

받아 하나님의 선하시고 기뻐하시고 온전하신 뜻이 무엇인지 분별하도록 하라 (롬 12:2)

우리가 우리 안에 계시는 기름부음 받은 선생님이신 성령님께 순복하면, 우리의 생각이 변화되기 시작한다. 사도 요한은 다음과 같이 말한다.

그러나 여러분이 하나님께 받은 놀라운 기름부음이 그들의 속임보다 훨씬 크며 지금 여러분 안에 거하고 있습니다. 아무도 여러분을 계속 가르칠 필요가 없습니다. 그분의 기름부음이 여러분이 알아야 할 모든 것을 가르쳐 주실 것이니, 그것이 여러분을 거짓이 아니라 진리로 인도할 것입니다. 그러므로 그 기름부음이 여러분에게 가르치시는 대로 그분 안에 거하십시오. (요일 2:27, TPT)

능력이 뛰어나신 성령님이 절대적 진리를 실행에 옮기셔서 우리의 시각을 인간적인 것에서 보다 거룩한 관점으로 새롭게 하시도록 허락해 드리면, 우리의 세계관은 커다란 변화를 맞게 될 것이다. 성령님이 우리에게 계시해 주시는 절대적 진리는 천국의 능력의 자리에서 나오는 것이다.

천국의 작전 사령부에서 보좌의 방의 절대적 진리를 받으면, 전략들이 시행되어 각자가 처한 특정한 상황과 도전 가운데 승리할 수 있도록 돕는다. 이것은 오늘날 군대에서 행해지는 것과 비슷한 과정과 절차로, 먼저 정보를 모은 다음, 명확한 실행 계획을 세우는 것이다. 성경에는 특정한 상황 이면에서 천사들이 전략을 세우는 모습을 보여 주는 장면이 있다.

> 미가야가 말했다. "여호와의 말씀을 들으십시오. 내가 보니 여호와께서 그분의 보좌에 앉아 계시고, 하늘의 모든 군대가 그분의 좌우에 둘러서 있습니다. 그리고 여호와께서 말씀하시기를, '누가 아합을 꾀어 그를 길르앗 라못에 올라가 죽게 하겠는가?'라고 하셨습니다. 하나는 이렇게 하고, 또 하나는 저렇게 하겠다 하였습니다. 그때 한 영이[내가 말하려는 영인데] 나아와 여호와 앞에 서서 말하기를, '내가 그를 꾀겠습니다'라고 했습니다. 여호와께서 그에게 '어떻게 하겠느냐?'고 물으셨습니다. 그러자 그가 '내가 나가서 모든 선지자들의 입속에서 거짓말하는 영이 되겠습니다'라고 말했습니다. [여호와께서] '네가 그를 꾀겠고 또 성공할 것이다. 나가서 그렇게 하라' 말씀하셨습니다. 그렇게 여호와께서 거짓말하는 영을 이 모든 선지자의 입에 두셨으니, 여호와께서 왕에 대하여 악을 선포하신 것입니다. (왕상 22:19-23, 확대역)

주님은 우리가 이 땅에서 마주하는 모든 어려움과 도전 가운데 승리하도록 전략을 세워 놓으셨다. 그분은 때와 시기를 미리 정해 두시고, 그것들에 관한 정보를 천사들에게 지속적으로 제공하신다. 사도행전 1장 7절에서 예수님은 이렇게 말씀하신다. "그것들이 이루어지는 날짜와 시기를 정하시는 분은 아버지이시다. 너희에게는 그분이 자신의 권세로 준비하신 모든 것의 시간대를 아는 것이 허락되지 않았다"(TPT).

우리는 하나님의 계획을 알려 달라고 기도하며 구해야 한다. 또한 그분이 원하시는 일들을 성취하기 위해 우리의 몫을 다할 수 있도록 지혜를 달라고 기도해야 한다. 그분이 바라시는 일들이 우리 시대에 이루어질 것이다. 사실상 우리는 마지막 때를 살아가고 있다. 이것은 우리가 온 땅이 그분의 영광으로 충만해지는 때로 들어왔다는 의미이다.

펜타곤(미 국방성) 브리핑

수년 전, 나는 대단히 의미심장한 천사들의 방문을 받았다. 그것은 지금까지도 이루어지고 있는 일들에 대한 계시와 관련된 것이었다. 2014년 12월 6일, 주님이 워싱턴 DC로 가라고 말씀하셔서 펜타곤 맞은편에 있는 더블트리 호텔에서 하룻밤 묵었다.

그날 총 여섯 명의 천사가 나타나 나에게 지시를 내렸다. 내게 이런 일이 일어나고 있다는 것을 누가 믿겠는가? 이러한 천사들의 방문에 대해 누군가에게 이야기하는 것을 상상해 보았지만, 지금 벌어지고 있는 일이 이미 나타났다는 사실을 믿게 할 방법이 없었다.

천사들이 전해 준 모든 일은 교회와 내 삶 가운데 참으로 완벽하게 일어났다. 그날 그들은 나에게 이런 말을 했다. "케빈, 너는 우리가 계시해 주는 것을 온전히 이해하고 있다. 그래서 우리는 네가 온다는 말을 들었을 때, 너에게 이 말을 전하고 싶어서 도저히 참을 수 없었다! 너는 하나님이 너에게 명령하신 대로 행하는 것이 얼마나 중요한지 알고 있다. 또 하나님이 하라고 하신 일에 동참하기 위해 현재 네가 하고 있는 모든 것을 내려놓을 것이다. 너는 하나님의 운행하심이 이미 시작되었다는 것을 알고 있기 때문에, 또 다른 운행하심을 기다리려 하지 않는다. 그것은 이미 이곳에 있다. 네가 속한 교회 가운데 이러한 하나님의 운행하심을 보게 될 것이다. 너는 기적과 하나님의 나타나심을 보게 될 것이다. 순종하라."

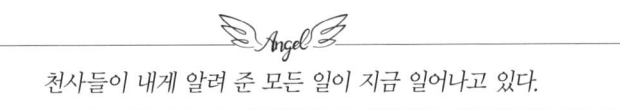

천사들이 내게 알려 준 모든 일이 지금 일어나고 있다.

천사들은 이렇게 말했다. "들어라, 우리는 이 거룩한 일을 맡았고, 너에게 이것들을 전해 주기 위해 이곳으로 보냄 받았다. 이 책들은 천국의 서고에서 온 것이므로 거룩하다. 너의 증언은 이미 기복되어 있다." 그리고 천사들은 나에게 천국에서 이 땅으로 정보를 가져오는 방법을 보여 주었다. 휘장이 드리워지더니, 그들은 나에게 금으로 아름답게 장식된 하나님의 선물 상자들을 건네주며 받으라고 지시하였다. 내가 그것들을 받자, 그들은 이렇게 말했다. "이것들은 너를 위한 것이다. 어느 누구도 그것들에 손을 댈 수 없다."

이어서 그들은 말했다. "손을 들고 하나님을 경배하겠느냐? 우리는 네가 잠잠히 하나님 경배하는 것을 좋아한다. 너에게는 음악이나 다른 것이 필요하지 않다. 그냥 네 손을 들고, 보좌 앞에 있는 것처럼 하나님을 경배하기 시작하라." 그래서 나는 하나님을 경배하기 시작했다. 그러자 그들도 모두 손을 들고 나와 함께 경배했다. 나는 속으로 이 일이 실제로 일어나고 있는 것이 맞는지 생각했다. 그들은 나에게 이렇게 부탁했다. "지금처럼 그냥 하나님을 경배하겠느냐? 우리는 네가 음악이나 다른 것이 없이도 하나님 경배하는 것을 좋아한다."

나는 우리가 하나님을 경배할 때 특별한 일이 일어난다고 생각한다. 우리의 경배는 천사들의 경배와는 다르다는 것이다. 천사들은 항상 하나님을 경배한다. 경배는 그들이 끊임없이 하는 일들 중 하나이다. 그들은 항상 경배하고 있으며, 늘 기쁘고, 언제나 하나님이 행하시는 일에 열광한다. 그들은 하나님과 그분의 나라를 향한 열심과 열정을 이 땅의 그리스도인들에게 전하려 하지만, 모든 사람에게서 그 결과를 신속하게 얻는 것은 아니다.

천사들은 각 사람을 향한 하나님의 계획이 성취되기를 바라기 때문에 그 결과를 보기 위해 끊임없이 노력한다. 그들은 올바르게 반응하고 행동하는 사람을 발견하면, 그 사람 곁으로 모여든다. 우리는 하나님께 순종으로 반응하고 영과 진리로 예배함으로 천사들이 활동하게 만들 수 있다. 천사들은 바로 지금 이 땅에 임하기 시작한 일에 함께하고 싶어 하는 사람들을 끊임없이 찾고 있다.

천사들은 하나님의 운행하심이 온전히 나타나기도 전에, 그 운행하심에 실질적으로 참여하게 될 사람들을 찾고 있다. 그들은 이제 하나님의 영광 안에서 걷게 될 사람들이다. 천사들은 지금 하나님의 영광 안에 거하고 있는 자들을 찾아서 그들이 하나님의 일들을 더 수월하게 행하게 할 수 있다. 사람들이 어떻게 저런 일을 행할 수 있는지 궁금하게 여길 정도로 도울 것이다. 하나님께서 베풀어 주시는 은총으로 그런 일들을 능숙하게 행하게 될 것이다.

하나님은 그분을 삶에 모셔 들이고, 그분이 다스리시도록 허락해 드린 그리스도인들에게 놀라운 은총을 베푸신다. 천사들은 하나님께서 그 사람에게 명하신 사명을 성취하도록 돕기 위해 많은 것을 할 수 있다. 천사들은 그리스도인들이 하나님 나라에서 참으로 중요하게 여겨지는 일들 가운데 승리할 수 있도록 돕기 위해 보냄 받았다.

여섯 천사 중 하나가 내게 대단히 의미심장한 말을 했다. 바로 그날 천사들이 미국의 정책에 영향을 미치고 있다는 사실을 펜타곤 사람늘은 모를 것이라는 말이었다. 나는 그들에게 함께 집으로 가자고 청했지만, 그들은 그럴 수 없다고 말했다. 그들은 펜타곤에 파송되었기 때문에 그곳에 머물러야 한다고 했다. 또한 하나님께서 그들에게 펜타곤의 정책에 영향을 미치라고 명령하셨는데, 그중에는 이스라엘과 관련된 것도 있다고 말해 주었다.

두 원수

이어서 천사들은 하나님의 새로운 운행하심이 이미 시작되었다고 말했다. 또 하나님의 특수부대와 그 부대의 장비가 이미 이 땅에 배치되어 있다고 했다. 이 부대와 장비는 하나님의 새로운 운행하심을 위해 배치된 것이다.

그들은 우리가 이제 곧 그 운행하심 속으로 들어갈 것이니 또 다른 운행하심을 기다리지 말라고 했다. 그리고 하나님의 이런 운행하심을 가로막는 원수가 둘이 있는데, 이것들이 하나님의 영광이 이 땅에 임하지 못하도록 방해하고 있다고 했다. 영광을 가로막는 두 원수는 다음과 같다.

혼(생각, 의지, 감정)이 치유되지 못한 교회의 지도자들

교회의 지도자들은 성령께서 그의 혼을 치유해 주시도록 허락해 드려야 한다. 오늘날 깊은 상처로 즉각적인 회복을 필요로 하는 하나님의 사람들이 많다.

천사들은 실상을 보여 주기 위해 잘 아는 교회로 나를 데려갔다. 그들은 나에게 그 교회의 리더들이 회중에게 사역하는 모습을 보여 주었다. 하나님의 영광이 교회 안으로 들어와서 리더들에게 부어졌다. 그런데 당황스럽게도 그들의 몸 전체에 커다란 구멍이 나 있었고, 하나님의 영광이 그 구멍들로 쏟아져 나오고 있었다. 그로 인해 그들은 다른 사람들을 섬기도록 부어 주신 하나님의 영광을 사용할 수 없었다.

천사들은 교회의 지도자들이 치유받지 못해서 하나님의 영광을 지키지 못하는 것이라고 설명해 주었다. 이들이 치유되었다면, 하나님의 영광을 받아 그것을 필요로 하는 사람들에게 온전히 나누어 줄 수 있었을 것이다. 그리고 그렇게 부어진 하나님의 영광으로 인해 사람들은 각자의 문제에 대한 해결책을 얻는 데 도움을 받았을 것이다.

아버지의 영광의 운행하심을 드러내고 상품화하는 것

이어서 천사들은 나에게 금과 나무로 만들어진 구약 시대의 아름다운 언약궤를 보여 주었다. 그것은 수레 위에 있었는데, 언약궤를 운반할 채(장대)가 보이지 않았다. 천사들은 하나님의 임재의 궤가 수레 위에 있는 것에는 특별한 의미가 있다고 말했다. 채가 없이 수레 위에 있는 언약궤는 하나님의 운행하심이 상품화되어 보여 주기 식으로 표현되는 것을 상징한다는 것이다. 주님의 운행하심이 상품화되고 보여 주기 식으로 표현되면, 완전히 실패하여 사라지게 된다. 효력이 없어지는 것이다.

하나님의 사람들은 그분의 임재를 올바르게 운반하는 법을 배워야 한다. 하나님의 운행하심을 주 하나님이 지시하신 방법대로 운반해야 한다. 구약 시대에는 하나님의 목적을 위해 구별되어 훈련받은 제사장들이 언약궤를 옮겼는데, 이들은 하나님이 지시하신 대로 언약궤를 옮기려면 채가 있어야 한다는 것을 알았다.

그날 저녁에 워싱턴 DC에서 특별한 천사들의 방문을 받는 동안, 하나님의 계시가 나를 변화시켰다. 나는 지금까지도 그들이 전해 준 지시와 가르침의 영향을 받고 있다. 그리고 하나님의 영광이 이 땅에서 계속해서 커질 것이고, 영의 세계와 물질세계 사이에는 얇은 휘장밖에 없다는 것을 분명히 깨닫게 되었다. 또한 하나님께서 그분의 자녀들을 택하셔서 그분의 거룩한 일들을 실행에 옮기게 하실 거라는 놀라운 가능성도 보았다. 하나님께 속한 우리는 그분이 우리 세대에 베푸시는 운행하심을 풀어놓을 수 있다.

나는 하나님이 어떤 방식으로 그분의 백성을 사용하려 하시는지 알게 되면서 우리가 하나님과 함께하는 구별된 삶으로 부름 받고 있다는 것을 확신하게 되었다. 우리는 거룩 가운데 아버지 하나님과 동행하도록 부름 받았다.

이제 우리 혼의 원수, 곧 장애물이 끊임없이 교회의 지도자들을 좁은 곳으로 가차 없이 몰아넣으려 한다는 것을 알게 되었다. 이 원수는 깊은 상처를 남긴 사건들을 통해 교회의 지도자들을 좁은 곳에 가두려 한다. 이 상처들은 쉽게 해결되거나 치유되지 않는다. 또한 우리 혼의 원수는 기회가 될 때마다 그리스도인들을 유혹한다. 하나님의 운행하심을 과장하여 상품화하도록 유혹하는 것이다.

원수는 왜 이런 유혹을 하는 것일까? 교회의 지도자들이 거룩하게 행하지 못하게 함으로 하나님의 운행하심을 제한할 수 있다는 사실을 알기 때문이다. 그들은 이기심 때문에 하나님의 거룩한 운행하심을 과장하고 상품화하고자 하는 유혹에 굴복하게 된다. 승리의 영광이 그들이 아니라 주 하나님의 것이라는 사실을 인식하지 못하는 것이다.

이 마지막 때에 교회의 지도자들이 하나님의 운행하심을 상품화하거나 과장하고 싶은 유혹을 피하려면, 하나님의 얼굴을 구해야 한다. 그들이 행하는 모든 것 가운데 오직 그분만을 구해야 한다. 주님을 따르며 그분의 일들에 대한 존귀와 존중과 거룩을 유지함으로 이 땅에서 가장 위대한 하나님의 운행하심 안으로 들어갈 준비를 해야 할 것이다.

교회의 지도자들은 성령께서 눈을 열어 주셔서 하나님이 각자의 삶에 예정하신 것, 곧 천국의 책에 기록되어 있는 거룩한 사명을 깨우쳐 주시도록 허락해 드려야 한다. 그들이 시편 139편 16절의 말씀대로 자신의 거룩한 소명을 이해하기 시작하면, 주께서 시작하신 운행하심 안으로 온전히 들어갈 수 있게 된다. 그러면 영적 세계의 주인이신 성령께서 우리의 앞날을 계시해 주실 것이다.

하나님의 영은 천사들의 비밀스러운 군사 전략뿐만 아니라, 그들이 우리 가운데 활동하는 것에 관해서도 온전히 알려 주고 싶어 하신다. 천사들의 비밀스러운 군사 전략과 활동은 모두 마지막 때에 우리가 위대한 주님의 운행하심 안에서 경험하게 될 것들이다.

하나님의 일을 보게 되리라

여전히 우리 각 사람에 관해 기록된 많은 것들이 성취되지 못하고 있다. 그것이 우리의 이해력을 넘어서는 것들이기 때문이다. 바울은 하나님께서 그분의 자녀들에게 바라시는 것이 무엇인지 생각조차 못하고 있는 고린도 교회에 편지를 썼다. 그는 하나님께서 그분을 사랑하는 자들을 위해 계획해 놓으신 것이 우리의 귀로 듣지 못했고, 눈으로 보지 못한 것이라고 말한다! 바울은 하나님이 우리의 삶에 부어 주려 하시는 것들은 너무나도 좋고 훌륭해서 온전히 이해할 수 없을 정도라고 말한다. 다음 구절은 이런 상황을 잘 설명해 준다.

그러나 도리어 성경에 말씀하시는 대로 하나님이 자기를 사랑하는 자들[애정 어린 존경과 즉각적인 순종과 그분께서 베푸신 은택을 감사하게 인식하는 자들]을 위하여 예비하신(만드시고 계속 준비하신) [모든] 것은 눈으로 보지 못하고 귀로 듣지 못하고 사람의 마음으로 생각하지도 못한 것이다. (고전 2:9, 확대역)

지금은 모든 그리스도인의 눈이 열려 하나님의 일들을 인식하고, 믿음으로 영의 세계를 들여다보아야 할 때이다. 하늘 아버지께서는 진정으로 우리를 사랑하신다. 주님은 그분의 소유인 우리를 위해 많은 은택들을 쌓아 놓으셨다. 하나님이 예비하신 은택들은 예수 그리스도를 통해 우리에게 임한다.

우리는 전능하신 주 하나님께서 하늘의 군대를 지휘하신다는 것을 알아야 한다. 또한 그분이 우리 가운데서 놀라운 기적을 행하실 것이라는 사실을 인식해야 한다. 이제 그리스도인들이 주의 말씀을 눈으로 보고, 귀로 들을 때가 되었다. 눈앞에서 하나님의 강력하고 위대한 기적이 이루어지는 것을 보게 될 것이다.

성령이 선포하시는 주님의 말씀을 들으라. 당신에게 주의 영이 계신 곳에 자유가 있다는 말씀이 주어졌다. 주의 영이 계신 곳에 명철(지각)이 있고, 주의 영이 계신 곳에 두려움을 내어 쫓는 온전한 사랑이 있다. 주

의 영이 계신 곳에 풍성한 공급이 있다. 천군의 사령관이신 그분의 발 아래서 경배하라. 그분은 합당하신 분이다!

사령관

천국의 작전 사령부에서 가장 중요한 분은 주님이시다. 그분은 전권을 소유하신 책임자이시다. 모든 천사들은 계속해서 그분의 음성에 귀를 기울인다. 서서 천국의 사령관의 명령을 기다린다.

그가 오시는구나! 그는 사령관이시라! 천군 천사와 함께 오시는 전능한 주께서 우리 편이시로다! 야곱의 하나님이 우리를 위해 싸우시도다! 주 임재 안에서 잠시 쉬라. 다 와서 보라! 우리 하나님의 숨 막히는 기적을 보라. 주께서는 파멸시키기도, 소생시키기도 하시는도다! 또한 그는 온 땅의 분쟁을 종식시키는 분이시라. 전쟁의 무기를 모두 꺾어 태우시도다. 그러므로 내려놓으라! 잠잠히 서서 너의 수고를 멈추라. 그리하면 내가 하나님인 줄 네가 알게 되리라. 나는 모든 열방 위에 뛰어난 하나님이며 온 세상 가운데 높임을 받을지라! 그가 일어나시는구나! 그는 사령관이시라! 천군 천사와 함께 오시는 전능한 주께서 우리 편이시로다! 야곱의 하나님이 우리

를 위해 싸우시는도다! 주 임재 안에서 잠시 쉬라 (시 46:7-11, TPT)

바로 지금 모든 그리스도인은 자기 의지를 만군의 하나님께 내어 드려야 한다. 이날과 때에 대한 성령의 계시는 다음과 같다. 우리는 절대적 권세의 보좌에 앉아 계신 하나님 아버지를 높여야 한다! 우리는 하나님께서 그분의 권세에도 불구하고 모든 그리스도인을 그분의 거룩한 계획의 대행자로 선택하셨다는 것을 알아야 한다. 하나님께서는 그분의 자녀들이 마지막 대추수 때에 눈에 띄는 큰 역할을 하기 바라신다.

천국의 작전 사령부에서는 아무도 주님께 이의를 제기하지 않는다. 우리 하나님은 영광으로 충만하신 분이다. 그리스도인들은 우리의 사령관이 오셔서 자신을 계시해 주실 필요가 있다는 것을 알아야 한다. 시편 기자는 이것을 다음과 같이 설명한다. "오 하나님, 우리를 회생시키소서! 주의 빛나는 얼굴을 우리에게 비추소서! 동트는 해처럼 그 영광을 비출 때 우리를 막을 자 없으리이다! 천군 천사들의 총사령관이신 하나님, 언제까지 진노하시려나이까? 언제까지 주의 백성이 기도할지라도 그들을 역겨워하시려나이까?"(시 80:3-4, TPT)

오 주여, 온 하늘이 주를 찬양하는 소리로 가득하나이다! 거룩한 자들이 모두 주의 기적 때문에 주를 칭송하나이다! 하나님의 아들들이 다 같이 그 대단한 이적으로 인해 주를 찬송하나이다. 우리가 영원히 하늘을 다 뒤진다 해도 주와 같은 이를 찾을 수 없으니, 제아무리 강한 천사라도 감히 주께 비할 수 없겠나이다. 주는 크게 두려워할 하나님이시니, 거룩한 자들의 회의를 주께서 주재하시나이다. 주를 둘러싼 자들이 떨고 있음이여, 두려움과 공포에 사로잡혔고 주께 대한 경외심에 넋이 나갔나이다! 오 야훼 만군의 주 하나님, 지극히 엄위하신 주여! 주와 같이 영광스런 분을 어디서 찾으리이까? 주의 신실하심이 주를 둘러 빛나고 있나이다! (시 89:5-8, TPT)

여기에는 그리스도인들이 받아들여야 할 몇 가지 진리가 계시되어 있다. 그것은 바로 천군(天軍)의 사령관께 집중하고, 천국의 작전 사령부의 기본적인 원칙들을 온전히 이해해야 한다는 것이다. 이 땅의 모든 그리스도인에게 강력한 사명이 맡겨졌는데, 여기에는 현재 그리고 마지막 하나님의 운행하심 가운데 천사들과 동역하는 것도 포함된다. 아래에 이와 관련하여 중요한 내용 세 가지를 정리해 두었다.

- **온 하늘이 주를 찬양하는 소리로 가득합니다.**
  - 거룩한 자들이 모두 주의 기적 때문에 주를 칭송합니다.
  - 하나님의 아들들이 다 같이 그 대단한 이적으로 인해 주를 찬송합니다.
  - 우리가 영원히 하늘을 다 뒤져도 주와 같은 분을 찾을 수 없습니다.

- 제아무리 강한 천사라도 주께 비할 수 없습니다.
  - 주는 크게 두려워할 하나님이시니, 거룩한 자들의 회의를 주재하시는 분입니다.
  - 주를 둘러싼 자들이 떨고 있으니, 두려움과 공포에 사로잡혔고 주께 대한 경외심에 넋이 나갔습니다!

- 오 야훼, 만군의 주 하나님, 지극히 엄위하신 주여!
  - 주와 같이 영광스런 분을 어디에서 찾을 수 있겠습니까?
  - 주의 신실하심이 주를 둘러 빛나고 있습니다.

천국의 모든 것이 만군의 하나님을 찬양하고 있다

거룩한 이들, 곧 천사들은 주님 곁에 서서 그분이 행하시는 이적으로 인해 그분을 찬양하고 있다. 이들은 그분이 기적을 행하시는 전능하신 하나님이라는 것을 확증해 준다. 하나님 없이도 기적을 행할 수 있다고 스스로를 속이는 천사는 단 한 명도 없다. 하나님께서 표적과 기사를 행하셨다. 그것이 하나님의 성품이자 속성 중 하나이기 때문이다.

그리스도인들은 하나님의 말씀을 전해야 한다. 그렇게 할 때 표적이 따른다. 주님과 함께하면, 기적과 이사가 자연스럽게 일어난다. 우리는 그분의 거룩한 자들, 곧 성도들이다. 천사들도 그분의 거룩한 자들로서 신실하게 그분의 명령을 수행한다. 그리스도인들이 겸허하게 주님을 인식할수록, 이미 시작된 하나님의 마지막 운행하심도 점점 더 큰 능력으로 나타나게 될 것이다.

천사들은 겸허하게 주님을 인식한다. 그러므로 우리도 겸허하게 그분을 인식해야 한다! 스트롱 성구사전은 이 내용을 이해하는 데 도움이 되는 주요 단어 세 가지를 다음과 같이 정의한다.

펠레(pele)
성경외어에서 유래한 이 단어는 '경이로운 일, 기이한 일, 불가사의한 것, 기적'을 의미한다. 출애굽기 15장 11절, 시편 77편 11, 14절, 에스더 1장 9절, 다니엘 12장 6절 등 구약성경에서 13회 등장한다.

카도쉬(qadosh)
본질적으로 거룩한 것, 또는 신적 의식이나 제의 행위에 의해 거룩한 영역에 속하게 된 것을 가리키는 이 단어는 구약에서 도덕적 순결보다 범속한 것으로부터 분리, 곧 하나님을 섬기기 위해 보통 사용으로부터 분리하여 놓거나 따로 떼어놓은 것들을 의미한다. 이 단어는 구약성경에서 약 100회 등장하는데, '분리'나 '구별'이라는 개념이 강조되어 있다.

아라크(arak)
'준비', '배열', '정돈'을 나타내는 동사로, 종종 '전투 대형을 정렬하다'라는 의미로 사용된다. 구약성경에서 75회 등장하며, '배열하다', '정돈하다', '준비하다', '평가하다', '견주다', '지휘하다' 등의 의미로 사용되었다.

천사들이 전능하신 주 하나님 곁에 둘러서 있는 모습이 보이는가? 거룩한 자들이 거룩한 전투 대형으로 서서 그분을 찬양하고 있다. 그분, 곧 그들의 사령관이 행하시는 기적들로 인해 그분을 찬양하는 것이다. 천사들에게 그분은 기적을 행하시는 전능하신 하나님이시다.

그 어디에도 주님과 비교할 자가 없다

주님은 성도들과 천사들을 아우르는 모든 거룩한 자들을 주관하신다. 하나님이 참석하시는 거룩한 자들의 회의가 있는데, 바로 이들이 그분 곁에 둘러서 있다. 이들은 하나님이 경배 받기에 합당하신 놀라운 분이심을 알기에, 두려움과 공포에 사로잡혀 떨고 있다. 전능하신 주 하나님의 임재에 완전히 넋이 나간 모습을 상상해 보라.

하나님은 진정한 사령관이시다. 주님은 사령관으로서 천사들의 행동 지침을 정하시고, 천사들은 주님의 능력에 놀라서 떤다. 지금 이 순간 천사들이 보좌에서 경험하고 있는 것은 우리의 이해를 훨씬 뛰어넘는 것이다. 우리가 천국 그리고 하나님의 거룩한 사자들과 동역하려면, 하나님이 경배받기에 합당하신 놀라운 분이라는 것과 심지어 천사들도 그분의 임재에 떤다는 사실을 알아야 한다. 그분이 불가능한 일이 없으신 놀랍고도 강한 하나님, 전능한 하나님이

시기 때문이다.

스트롱 성구사전은 이 내용을 이해하는 데 도움이 되는 주요 단어 두 가지를 다음과 같이 정의한다.

아라츠(arats)
'두려움과 공포로 떨게 하다, 벌벌 떨다'를 의미하는 이 단어는 두려움이나 공포의 상태를 나타낸다. 구약성경에서 15회 등장하며, '두려움', '공포', '떨게 하다', '경외하다', '무서워하다' 등의 의미로 사용되었다.

야레(yare)
'두려워하다, 무서워하다, 경외하다'를 의미하는 이 단어는 구약성경에 약 330회 등장한다. 성경에서 주로 '두려움의 감정', '감정적인 반응에 강조점을 두지 않는, 악에 대한 지적인 예상', '존경이나 경외', '의로운 행동이나 경건', '형식적인 종교적 예배' 등의 의미로 사용되었다.

천사들이 거룩하신 하나님께 이렇게 반응하는 특성이 있다는 것을 삶 가운데 깨달아야 한다. 그들은 하나님의 임재와 영광에 떨며 그분을 경외한다.

 # 하나님의 놀라운 임재 안에서 영광이 계시되는 것을 볼 수 있다
하나님 아버지 자체가 영광이시며, 예수 그리스도께서도 그 영

광의 한 부분을 이루고 계신다. 예수님은 아버지를 정확하게 나타내신다. 천사들이 그렇게 빛나는 것도 그분의 힘과 능력을 받기 때문이다. 그들은 기쁘고 즐겁게 사령관의 뜻을 행하며, 모든 권세의 보좌에 앉으신 분께 신실하다. 그래서 시편 기자가 하나님의 신실하심이 그분을 둘러 빛나고 있다고 언급한 것이다. 천사들은 "신실한 자들"이다. 그러므로 그리스도인들도 하나님의 신실하심을 나타내야 한다. 우리는 성령과 천사들의 도움으로 하나님의 뜻대로 행하게 된다.

스트롱 성구사전은 이 내용을 이해하는 데 도움이 되는 주요 단어 세 가지를 다음과 같이 정의한다.

하신(hasiyn)

'강한, 강력한'을 의미하는 이 단어는 구약성경에서 시편 89편 8절에 한 번 등장한다.

카보드(kabod)

'풍부, 다량, 다수, 부, 영예, 영광'을 의미하는 이 단어는 물건의 물리적으로 큰 무게나 '양'을 언급한다. 또한 '부, 재물'과 중요하고 긍정적인 '명성', '영광', 즉 당당한 인물이나 지위를 강조하는 추상적인 의미를 지닌다. 구약성경에서 약 40회 등장하는데, 이 단어가 하나님과 관련하여 사용될 때는 하나님께 합당한 속성을 나타낸다.

에무나(emuna)

'견고함, 확고부동, 신실함, 충실, 성실'을 의미하는 이 단어는 기본적으로 하나님의 완전한 신실성을 나타낸다. 구약성경에서 약 50회 등장한다.

우리는 하나님을 둘러싼 영광의 위엄을 묵상해야 한다. 하나님 앞에서 기다리며 시간을 보내면, 그분의 신실하심을 깨닫게 될 것이다. 천사들은 그분의 영광을 분명히 알고 있으며, 우리를 향한 그분의 신실하심을 대행하는 자들이다. 하나님의 신실하심을 절대로 의심하지 말라. 그분은 자기 백성을 사랑하시기에, 그들과의 언약을 잊지 않으신다. 그분은 만군의 주님이시다!

> 다윗은 이스라엘에서 우수한 무리 삼만 명을 다시 모았다. 그는 그들을 이끌고 유다의 바알라로 가서 하나님의 궤를 다시 가져왔다. 그 궤는 그룹들 사이에 앉아 계신 만군의 주의 이름으로 불리는 것이었다. (삼하 6:1-2, NLT)

Chapter 4
주님을 경외함

그런즉 사랑하는 자들아 이 약속을 가진 우리는 하나님을 두려워하는 가운데서 거룩함을 온전히 이루어 육과 영의 온갖 더러운 것에서 자신을 깨끗하게 하자(고후 7:1).

Chapter 4

　현 시점과 흐름 가운데 천사들과 그들의 방문에 대해 이야기할 때 생각해야 할 가장 중요한 것 중 하나가 주님을 경외함이다. 천사들은 하나님의 임재를 함께 가져온다. 그래서 우리는 하나님에 대한 두려움을 선명하게 느끼게 된다. 천사와의 만남을 구하는 사람들은 그것이 가져올 하나님의 놀라운 능력에 대해서는 거의 알지 못한다. 이러한 만남으로 주님을 경외한다는 것이 진정 무엇을 의미하는지 새로운 차원의 깨달음을 얻게 될 것이라는 사실을 예상하지 못한다.

　천사들의 방문은 하나님의 놀라운 능력에 대해 상상하는 것 이상으로 많은 깨달음을 준다. 천사의 방문을 받게 되면, 예기치 못한 하나님의 일들에 대해 완전히 새로운 차원의 경외감을 갖게 되고, 하나님의 능력을 보는 관점이 달라지게 된다. 따라서 천사들을 만난 사람들은 주님을 경외하는 것에 대해 새롭고도 폭넓은 관점과 깨달음을 얻게 된다.

나는 천사들을 만난 뒤, 주님을 경외함에 대해 완전히 새로운 차원으로 이해하게 되었다. 어째서 천사들이 하나님의 임재를 가지고 오는지 궁금하게 여기는 사람도 있을 것이다. 중요한 것은 이 천사들이 조금 전까지 천국 보좌의 방에 계신 하나님 앞에 있었다는 사실이다. 그들은 방금 전능하신 하나님 앞을 떠나왔다. 즉 우리가 보통 경험하지 못하는 영역, 즉 하늘 왕국이라 불리는 곳에서 온 자들이라는 것이다. 이 왕국은 권세와 능력으로 충만하다. 우리의 육신은 천사들이 나타날 때 임하는 권세와 능력을 늘 감당할 수 있는 것이 아니다.

그리스도인들이 항상 주님의 거룩하심을 중요하게 여기며 그것의 영향을 받는 것은 아니다. 거듭난 성도들은 천사들이 거룩한 존재라는 사실을 망각하는 경우가 많다. 그들은 거룩한 천사들이라 불린다. 그런데 우리는 타락한 세상 속에 있기에, 우리의 영은 새롭게 되었어도 몸은 아직 구속받지 못했다. 그러나 천사들의 몸은 하나님의 능력과 임재 안에 설 수 있도록 창조되었다.

인간인 그리스도인의 몸은 전능하신 주님의 능력과 임재를 어느 정도만 감당할 수 있다. 따라서 우리의 몸과 생각은 하나님의 말씀으로 변화를 받고 새로워져야 한다(롬 12:2). 그러나 천사들의 생각은 천국에서 흘러나오는 절대적 진리를 온전히 받을 수 있게 창조되었다. 그들은 우리와 달리 하나님의 진리에 저항하지 않는다. 인간처럼 타락한 존재들이 아니기 때문이다.

천사들을 만나면서 대부분이 그들의 방문을 받아들일 준비가 되어 있지 않다는 사실을 깨닫게 되었다! 예를 들어 나는 천상의 존재들을 만나는 것에 매우 관심이 많았다. 천사들을 만나고 싶었지만, 실제로 그들의 방문을 받았을 때 무엇을 경험하게 될지 인식하지 못하고 있었다. 그들의 방문을 감당할 만한 능력이 되지 않을 것이라고는 생각하지 못했다.

천사가 처음 내 방에 나타났을 때, 나는 죽은 자같이 엎드러졌다. 그가 다가와서 일으켜 줄 때까지 움직일 수 없었다! 그 천사에게 임한 거룩과 주님을 향한 경외심이 너무 커서 서 있을 수가 없었다.

우리 몸은 천사들이 나타날 때 임하는 능력과 임재를 감당할 만한 능력이 없다. 그런 천사들의 방문을 받도록 준비되려면 주님을 경외해야 한다. 하나님의 거룩하심을 새로운 차원으로 이해하게 되면 그분을 경외하게 된다. 그리고 거룩과 주님을 진실로 경외하는 것에 대한 진리를 경험하게 되면, 주님과의 직접적이고 특별한 관계 가운데 그분이 준비해 놓으신 더 많은 것을 감당할 수 있게 된다.

하나님께서 모든 그리스도인을 위해 예비해 놓으신 관계에는 다음의 세 가지 중요한 요소들이 포함된다.

• 계시

- 방문
- 거주

이 세 가지 요소는 정해진 순서로 나타나야 한다. 주님은 이 과정을 통해 성도들을 세워 주시고, 에녹처럼 하나님과 동행할 수 있도록 도우신다. 에녹은 하늘로 들려 올라가기까지 이 땅에서 하나님과 동행했다. 그는 교회의 모형으로, 하나님을 기쁘게 해 드리고 하늘로 들어 올려졌다. 하나님은 이 계시를 통해 그리스도의 교회가 주님을 기쁘게 해 드리면 에녹처럼 하늘로 들려 올라갈 준비가 된다는 것을 보여 주신다.

믿음이 에녹을 이 땅의 삶에서 들어 올려 천국으로 들여보냈습니다! 그는 결코 죽음을 경험할 필요가 없었습니다. 하나님이 그를 높이 들어 올리셔서 이 세상에서 사라져 버렸습니다. 하늘의 영역으로 옮겨지기까지 그의 삶이 하나님께 기쁨이 되었기 때문입니다. 우리 안에 믿음이 거하지 않으면 하나님을 기쁘게 해 드릴 수 없습니다. 우리는 그분이 실재하시며, 모든 열정과 힘을 다하여 그분을 구하는 자들의 믿음에 보상하시는 분이라는 것을 알고 믿음으로 하나님께 나아가는 것입니다. (히 11:5-6, TPT)

그리스도인이 이 과정의 첫 번째 요소인 계시의 단계를 시작하여 지속적으로 하나님과의 관계 안으로 들어가면, 두 번째 요소인 방문의 단계로 들어갈 준비가 되고, 이어서 세 번째 거주의 단계로 들어가게 된다. 세 번째 과정인 거주는 방문 직후에 임한다.

그리스도인이 계시와 방문, 거주의 단계를 통과하면, 견고한 기초가 세워져서 영원토록 권세와 경험의 자리에 머물게 된다. 권세와 경험 가운데 확고하게 선 사람은 주님을 경외함으로 갖게 된 확신을 가지고 행하게 된다. 이것은 하나님께서 천사들에게 맡기신 계획의 일부로, 이를 통해 주님을 경외하는 것을 더 깊이 이해하게 된다.

계시

계시는 이 과정의 첫 번째 단계로, 성령의 사역과 하나님의 말씀 모두와 관련이 있다. 성령의 사역과 하나님의 말씀이 영 안에서 하나 되면, 그 사람의 생각이 성령님께 순복하기 시작한다. 성령님께 순복한 결과, 그 사람의 생각에 변화가 일어나기 시작하고, 성령과 말씀으로 깨달음을 얻게 된다.

성령님은 각 사람에게 예수님을 계시하셔서 삶 가운데 그리스도의 계시가 이루어지기를 바라신다. 아버지께서 저저 주신 것을 취하여 순복하는 그리스도인에게 주시고, 예수님이 말씀하신 것을 생각나게 하시며, 때로는 미래도 계시해 주신다.

계시의 단계에서는 성령님이 밝혀 주시는 대로 하나님의 비밀을 보기 시작한다. 그래서 이 단계에서는 절대적 진리에 온전히 집중하는 것이 중요한데, 이 진리는 하나님의 말씀 안에 있다. 말씀 안에 있는 이 절대적 진리를 묵상하며 성령으로 기도하기 시작하면, 성령께서 그 사람의 영을 깨우치고 세워 주셔서 믿음 안에서 성숙하게 된다. 이 믿음은 하나님을 새롭고 강하게 신뢰하는 것이다.

이러한 과정이 계속되면 주님과의 관계가 발전하여 주님이 항상 말씀하신 대로 이루고 행하시는 하나님이라는 것을 철저하게 확신하게 된다. 유다서 1장 20절은 주님과의 관계가 이와 같이 발전하면 믿음이 새롭게 세워진다고 말씀하는데, 이것은 무너뜨릴 수 없을 정도로 거룩하게 구별된 믿음이다.

나 역시 삶 가운데 이 과정을 겪었다. 영 안에서 기도하고 하나님의 말씀을 묵상하면, 그 사람의 삶이 이 과정을 거치지 않은 그리스도인들과 구별되기 시작한다. 실제적인 '구별'이 시작되어 그 사람의 영을 새롭게 한 후 생각이 새롭게 되는 과정으로 나아간다. 이 과정이 시작된 그리스도인은 주님을 경외함으로 행하게 된다. 이전에는 알지 못하던 것을 분명하게 인식하고, 하나님이 진정으로 모든 것을 아시고, 모든 것을 보시는 아버지라는 것을 깨닫게 된다.

이 계시의 단계가 열려 더 많은 것을 깨달을수록, 주님을 향한 경외감도 커진다. 계시의 과정에 깊이 들어갈수록, 주님의 성품을 더 많이 깨닫게 된다. 이러한 깨달음의 시작은 바로 주님을 경외하는 것이다. "여호와를 경외함이 지혜의 근본이라 그의 계명을 지키는 자는 다 훌륭한 지각을 가진 자이니 여호와를 찬양함이 영원히 계속되리로다"(시 111:10).

그리스도인으로서 반드시 주님을 경외해야 한다는 사실을 깨닫는 것은 매우 중요한 일이다. 이러한 계시가 없으면 오늘날 이 땅에 이미 시작된 하나님의 운행하심에 적극적으로 참여할 수 없을 것이다. 이 계시의 단계는 초대교회에서와 동일하게 일어나서 주님이 다시 오실 때까지 계속될 것이다.

솔로몬은 하나님의 사람들이 지혜를 얻으려면 그분의 거룩에 관한 계시가 있어야 한다는 것을 알았다. 또 선택받은 하나님의 백성이 주님을 경외하는 것의 중요성을 깨달아야 한다는 사실도 알고 있었다. "여호와를 경외하는 것이 지혜의 근본이요 거룩하신 자를 아는 것이 명철이니라"(잠 9:10).

예수님은 성령님이 그리스도인을 모든 진리로 인도해 주실 것이라고 말씀하셨다. 성령님의 계시가 우리를 하나님의 깊은 것들로 인도해야 한다. 그리스도인이라면 주님을 경외하는 것에 대해 반드시 알아야 한다.

하나님의 성품은 우리의 인식을 초월한다. 주님에 대해 많은 것을 알고 있다고 여기는 그리스도인들은 자신이 단지 이 과정의 첫 단계에 있을 뿐이라는 사실을 알게 되면 깜짝 놀랄 것이다. 성령께서 그들을 훨씬 더 깊은 깨달음으로 인도하실 것이라는 사실에 충격을 받을 것이다. 이렇게 이해가 깊어질수록 거룩하신 주님을 경외하는 마음으로 충만한 것과 그것이 진정 무엇을 의미하는지 깨닫게 될 것이다.

그리스도인들은 그리스도의 대속이라는 큰 값을 치르고 산 존재들이다. 그들이 진정으로 그리스도의 주 되심에 순복하면, 주님께 속하게 된다. 하나님께서 우리를 구속하셨고, 진정으로 주님의 소유로 여기신다는 것을 인식하지 못하는 사람도 있을 것이다. 하나님의 피조물 가운데 주님이 구속하신 존재는 인간밖에 없다. 오직 인간만 그분의 피로 값을 치르고 사셨다.

계시라는 이 첫 단계를 통과하기 원하는 그리스도인이라면, 거룩과 주님을 경외함의 진정한 의미를 배워야 한다. 하나님은 그분의 소유를 빼앗기지 않으려 하신다. 그분은 우리를 소유하기 바라신다. 또한 그분의 소유인 우리가 세상과 구별되기 원하신다. 우리는 계시를 통해 주님을 경외함에 대해 새롭게 이해하게 되는데, 이렇게 주님을 경외하는 것이 지혜의 시작이다.

초대교회는 이러한 계시의 단계에 있는 그리스도인들을 보여준다. 성령께서 그분의 성도들에게 부어진 직후, 믿는 자들은 그리스도 안에서 자신이 누구인지에 대한 계시 안에서 움직이기 시작했다. 당시 많은 이들이 매우 짧은 기간에 하나님 나라로 들어왔다. 이들이 하나님의 말씀을 받아들이고 침례를 받자, 성령이 그들에게 임하셨다. 이러한 조합으로 계시와 성령이 나타나게 된 것이다.

> 또 여러 말로 확증하며 권하여 이르되 너희가 이 패역한 세대에서 구원을 받으라 하니 그 말을 받은 사람들은 세례(침례)를 받으매 이 날에 신도의 수가 삼천이나 더하더라 그들이 사도의 가르침을 받아 서로 교제하고 떡을 떼며 오로지 기도하기를 힘쓰니라 사람마다 두려워(경외)하는데 사도들로 말미암아 기사와 표적이 많이 나타나니 (행 2:40-43)

방문

하나님의 운행하심의 두 번째 단계는 방문이다. 방문의 단계에 있는 사람들은 자신보다 다른 사람들을 생각하기 시작하는데, 주님을 경외하기 때문에 이렇게 행동하게 된다. 이때 천사들도 초자연적으로 섬기기 시작한다는 것은 놀라운 일이 아니다. 그와 동시에 초자연적인 공급이 일어나며, 교회는 하나 되고 헌신하기 시작한다. 사도행전은 "모든 믿는 자들의 생각과 마음이 하나가 되었다. 이기심 같은 것은 그들의 공동체에 없었다. 그들은 자기들이 가진 모든 것을 서로 나누었다"(행 4:32, TPT)라고 말씀한다.

이와 같이 빚는 사는 방문을 경험하게 되고, 이러한 방문은 각 사람을 지속적으로 변화시킨다. 이 단계의 실질적인 결과는 이러한 방문이 타인의 삶에 영향을 미치기 시작한다는 것이다. 그리하여 믿는 자들 사이에 분리가 일어나기 시작한다. 공동체 가운데 계속해서 방문으로 나아가지 않는 사람들이 있겠지만, 결국 성령께서는 놀라운 방법으로 각 사람을 방문해 주신다. 주님의 계시와 방문이 늘어나면, 전체 모임은 점점 더 강력해진다. 이러한 능력의 근원은 믿는 자들의 연합이다.

분리는 일부 믿는 자들이 주님을 경외함을 이해하지 못할 때 시작된다. 주님은 각 사람이 자신을 심판함으로 하나님의 심판을 받지 않기를 바라신다. 다음 구절은 이것을 잘 보여 준다. 방문은 심판을 가져오는데, 주님의 거룩에 대해 배우지 않거나 성령님께 자신을 거룩한 백성으로 구별하시도록 허락해 드리지 않는 사람이라면 특별히 더할 것이다.

아나니아라는 사람이 자기 아내 삽비라와 의논하고 땅을 팔아 그 돈에서 얼마는 감추고 나머지만 사도들 앞에 가져왔다. 그러나 베드로는 아나니아에게 이렇게 말하였다. "어째서 당신은 마음에 사탄이 가득하여 성령님을 속이고 땅값의 일부를 감추었소? 땅을 팔기 전에도 그것은 당신의 것이 아니었소? 그리고 땅을 판 후에도 그 돈을 당신 마음대로 할 수 있지 않았소? 그런데 어째서 이런 일을 생각하게 되었소? 당신은 사람에게 거짓말한 것이 아니라 하나님께 거짓말한 것이오."

아나니아가 이 말을 듣고 쓰러져 죽자, 이 소문을 듣는 사람들이 모두 크게 두려워하였다. 그때 젊은 사람들이 들어와 그 시체를 싸서 메고 나가 묻었다.

세 시간쯤 지난 후에 그의 아내가 일어난 일을 알지 못하고 들어왔다. 베드로가 그녀에게 "땅을 판 돈이 모두 이것뿐이오?" 하고 묻자 그녀는 "예, 이것뿐입니다" 하고 대답하였다. 그래서 베드로가 그녀에게 이렇게 말하였다. "어째서 당신들은 서로 짜고 주의 영을 시험하려고 하시오? 당신의 남편을 묻고 오는 사람들이 문 앞에 이르렀으니 이번에는 당신을 메고 나갈 것이오." 그러자 즉시 그 여자도 베드로의 발 앞에 쓰러져 죽었다. 그 젊은 사람들이 들어와 여자가 죽은 것을 보고 메어다가 그녀의 남편 곁에 묻었다. 그래서 온 교회와 이 소문을 듣는 사람들이 모두 크게 두려워하였다.

그리고 사도들을 통해 사람들 가운데 기적과 놀라운 일들이 많이 일어났으며, 믿는 사람들은 모두 한 마음이 되어 솔로몬 행각에 모이곤 하였다. 그 밖의 사람들은 감히 그들과 어울리지 못했으나 백성들은 그들을 존경하였다.

그리고 주님을 믿는 남녀의 수가 점점 더 늘어가자, 사람들은 심지어 환자들을 업고 길거리로 나와서 간이 침대나 자리에 눕혀 놓고 베드로가 지나갈 때 그림자라도 덮이기를 바랐다. 또 예루살렘 부근 사람들도 많이 몰려왔는데, 그들도 환자들과 더러운 귀신들에

게 고통당하는 사람들을 데리고 와서 모두 고침을 받았다. (행 5:1-16, 현대인의 성경)

무리 중에 말씀을 믿는 자가 많으니, 믿는 남자의 수가 거의 오천이나 되었다! (행 4:4, TPT)

주님을 경외함이 그들에게 임했고, 많은 표적과 기사와 이적들이 행해졌다. 하지만 두 교인이 죽었다. 그들은 그렇게 일찍 죽을 필요가 없었다.

천사들은 우리가 하나님의 거룩하심과 주님을 경외함에 대해 이해하고 깨닫도록 도와야 한다. 그러면 그리스도인들은 주님과 그분의 거룩하심에 대한 더 깊은 이해로 들어가게 될 것이다. 천사들의 사역에는 기적도 포함되어 있기 때문에 표적과 이사가 나타날 것이다. 현재 주님을 경외하라는 계시가 교회 가운데 회복되고 있다.

하나님의 운행하심이 일어나기를 구하는 사람이라면, 그것이 하나님의 성령이 계시해 주시는 단계로 들어간 개개인에게서 시작된다는 사실을 깨달아야 한다. 우리가 스스로를 판단하고 성숙해 갈 때, 다른 사람들이 스스로를 판단하도록 영향을 끼치게 된다.

하나님의 거룩하심을 새롭게 깨달음으로 나타나는 우리의 행동은 영의 세계는 물론 물질세계에서도 연쇄 효과를 일으킬 수 있다. 그러면 방문을 통해 각 사람이 주님을 더 깊이 경외하게 되고, 훨씬 더 높은 차원으로 나아가게 된다. 방문과 계시의 연합을 경험한 사람들 가운데 하나님의 기름부음이 놀랍게 증가하게 될 것이다.

이렇게 방문과 계시의 연합으로 기름부음이 증가하면, 사람들은 그러한 연합을 경험한 사람들과 함께 모이고 싶어 한다. 그러면 기도가 응답되고, 강력한 기적이 일어난다. 이 두 번째 단계에서는 믿는 자들과의 교제를 추구하는 것과 믿지 않는 자들에게서 벗어나 구별되는 것의 중요성을 깨닫게 된다. 사도 바울은 다음과 같이 말했다.

> 너희는 믿지 않는 자와 멍에를 함께 메지 말라 의와 불법이 어찌 함께하며 빛과 어둠이 어찌 사귀며 그리스도와 벨리알이 어찌 조화되며 믿는 자와 믿지 않는 자가 어찌 상관하며 하나님의 성전과 우상이 어찌 일치가 되리요 우리는 살아 계신 하나님의 성전이라 이와 같이 하나님께서 이르시되 내가 그들 가운데 거하며 두루 행하여 나는 그들의 하나님이 되고 그들은 나의 백성이 되리라 그러므로 너희는 그들 중에서 나와서 따로 있고 부정한 것을 만지지 말라 내가 너희를 영접하여 너희에게 아버지가 되고 너희는 내게 자녀가 되리라 전능하신 주의 말씀이니라 하셨느니라 그런즉 사랑하는 자들아 이 약속을 가진 우리는 하나님을 두려워하는 가운데서 거룩함을 온전히 이루어 육과 영의 온갖 더러운 것에서 자신을 깨끗하게 하자 (고후 6:14-7:1)

이것은 그리스도인들이 어떻게 행동해야 하는지 분명하게 보여 준다. 이러한 연합과 교제가 우리의 궁극적인 목표가 되어야 한다. 하나의 공동체 가운데 서로 뜻이 하나 될 수 있다면, 자연적으로 주님을 경외하는 마음과 천사들의 행동 지침에 대해 이해하게 될 것이다. 주님은 그분의 자녀들이 이렇게 중요한 깨달음에 이르기를 바라신다. 그리고 이것은 그분의 자녀들의 궁극적인 목표 중 하나이다.

거주

천사들의 궁극적인 목표는 바로 이 과정의 세 번째 단계인 거주이다. 천사들은 모든 믿는 자들과 함께하고 싶어 한다. 거주의 단계가 시작되면, 천사들은 모든 믿는 자들과 공통점을 지니게 된다.

거주의 단계는 하나님의 백성이 스스로 구별하고, 주님을 경외함으로 그들의 삶이 거룩해질 때에만 가능하다. 예수님의 보혈이 이 세 번째 거주의 단계를 가능하게 해 주었다. 이러한 거주의 단계에 이르는 것은 가능하기는 하지만, 많은 시간이 소요된다. 이 단계에서는 거룩과 주님을 경외함이 필수적이다.

마지막 거주의 단계에서 믿지 않는 자들은 주님이 그리스도인들과 함께 계시는 것을 보게 된다. 주님의 은혜가 그들을 덮고, 성령님이 그들과 함께 강력하게 역사하신다. 그로 인해 구원받지 못한 사람들은 보기 드문 기적과 초자연적인 공급을 경험하게 된다. 그리고 초대교회에서 일어난 사건들처럼, 믿지 않는 많은 사람들이 예수 그리스도께 자신의 삶을 드린다. 또한 주님에 대한 경외심이 생겨서 믿지 않는 자들이 믿게 된다. 거주라고 부르는 이 단계에서는 모든 필요가 채워지고, 믿는 자들을 통해 주님의 사역이 이루어진다. 마가복음 16장에서 주님이 말씀하신 대로, 사역이 일어나게 된다.

천사들은 이 땅 가운데 하나님의 계획을 실행에 옮길 준비가 되어 있다. 그들은 명령을 받았고, 사명 가운데 모든 믿는 자들을 방문하기에 기쁨으로 충만하다. 우리는 이제 이 땅에서 전례 없는 가장 위대한 하나님의 운행하심과 주님의 영광이 이 땅을 온전히 덮는 것을 보게 될 것이다. 이 일은 예수 그리스도께서 재림하시기 전에 일어날 것이다.

시편 19편에는 그리스도인들이 알아야 할 중요한 구절들이 있다. 여기에서 집중적으로 설명하는 것은 주님을 경외함이다. 우리는 주님을 경외함에 관한 이러한 사고방식을 가져야 한다. 이 땅의 모든 그리스도인에게는 강력한 임무가 주어졌고, 여기에는 천사들과의 동역도 포함된다.

시편 19편에는 우리가 알아야 할 여섯 가지 중요한 정보가 있는데, 그것은 다음과 같다.

- 주의 율법은 완전하여 혼을 회심시킨다.
- 주의 증언은 확실하여 우매한 자를 현명하게 만든다.
- 주의 규례는 정당하여 마음을 기쁘게 한다.
- 주의 계명은 순수하여 눈을 밝게 한다.
- 주를 두려워함(경외함)은 순결하여 영원히 지속된다.
- 주의 판단은 전적으로 참되고 의롭다(시 19:7-9, 한글킹제임스).

주의 율법은 완전하여 혼을 회심시킨다

많은 이들이 하나님께 쓰임 받고 싶어 한다. 그러나 주님을 경외하는 마음이 계시로 삶 가운데 강력하게 들어오면, 먼저 자기 의견이 없어진다는 것을 깨닫게 될 것이다. 앞에서 언급했지만, 하나님의 절대적 진리에 비하면 우리의 의견은 고려할 가치도 없다.

주님을 경외하면, 하나님이 누구시며, 그분이 어떻게 행하시는지 더 높은 차원으로 보게 된다. 단순히 하나님이 행하신 일들을 보는 것이 아니라, 그분의 길(뜻)들로 그분을 알고자 하게 된다(시 103:7). 하나님의 길들을 알고 싶은 열정이 있다면, 이제 주님의 권위에 순복해야 한다. 성령님이 삶 가운데 계시의 분위기를 조성하시도록 허락해 드려야 한다.

성령님은 믿는 자 안에 하나님의 관점으로 상황들을 볼 수 있도록 분위기를 조성하신다. 하나님은 사람보다 더 높은 차원으로 보신다. 또 성령님은 하나님의 길들을 깨닫도록 도우신다. 그분의 길들은 완전하다.

하나님의 영으로부터 계시가 흘러나오면 방문이 시작된다. 이러한 방문으로 능력이 흘러 넘치면 전능하신 하나님 아버지를 더 깊이 이해하게 될 뿐만 아니라, 각 사람의 내면에 거룩한 열정의 불이 붙게 된다. 그래서 강한 열망을 가지고 주님을 구하며 그분께 다가가려 한다.

그리스도인들은 하나님께서 삶의 진정한 주인으로 다스려 주시기를, 어떤 의미로는 자기들을 소유해 주시기를 바란다. 실제로 그들은 이미 주님의 소유이지만, 그럼에도 자신들의 의지를 그분께 넘겨 드려야 한다. 자기 의지를 하늘과 땅의 하나님께 내어 드릴 때에야 진정으로 그분을 주님이라 부를 수 있는 것이다. 다윗은 다음과 같이 말했다.

> 혹 주의 길이 깊은 어둠의 골짜기로 통할지라도 두려움이 나를 엄습하지 않을 것은 여호와께서 이미 이기셨음이라! 영원히 곁에서 나의 길 다 가도록 주 날 인도하시리로다. 무릇 그 권세의 능력이 내 평안이요 확신이며, 그 사랑의 위로가 두려움을 내어 쫓나니, 주 내 곁에 계셔 나 결코 홀로 있지 않으리. (시 23:4, TPT)

하나님의 말씀을 온전히 진리로 받아들여 믿음이 커지면, 천사들이 그 사람 주변에 모이게 된다. 하나님의 말씀은 살아 있고 운동력이 있다(히 4:12). 따라서 우리가 하나님의 진리를 온전히 받아들일수록, 이전보다 주님께 더 가까이 나아가서 그분을 따르게 된다. 그렇게 하나님의 뜻 가운데 더 온전히 나아가면 우리를 향한 하나님의 예정하심이 더 온전히 성취되기 시작한다. "그러나 우리는 뒤로 물러나 멸망에 이르는 사람들이 아니라 믿음을 갖고 생명을 얻을 사람들이다"(히 10:39, 우리말).

우리는 하나님께서 우리의 영뿐만 아니라 혼도 소유하시도록 허락해 드려야 한다. 또한 우리의 혼을 변화시켜 주시도록 허락해 드려야 하는데, 혼은 생각과 의지 그리고 감정을 말한다. 하나님의 말씀 안에 있는 진리가 혼을 변화시킨다. 혼이 변화, 곧 개조되도록 허락하면, 그 사람은 성령으로 천사들과 동역할 준비가 된다. 하나님의 완전한 말씀이 우리의 마음 가운데 일하도록 허락하면, 주님을 경외하는 마음이 그 혼에 스며들게 된다. 중요한 것은 이런 일이 우리의 삶 가운데 최대한 빨리 시작되도록 허락하는 것이다.

주의 증언은 확실하여 우매한 자를 현명하게 만든다

모든 믿는 자는 천국의 분위기가 자신의 삶에 스며들도록 허락해야 한다. 성령님께 순복하여 천국의 분위기가 자신의 삶을 흠뻑 적시게 해야 한다. 주님이 무엇을 말씀하시든지 그것은 확고부동하다.

예수님은 이렇게 말씀하셨다. "생명을 주는 것은 하나님의 영이므로 육신은 아무 소용이 없다. 내가 너희에게 한 말은 영이요, 생명이다. 그런데 너희 중에 믿지 않는 사람들이 있구나"(요 6:63-64, 우리말). 주님은 성령이 오셔서 우리를 모든 진리 가운데로 인도하실 것이라고 말씀하셨다. 성령께서 지금 당신의 삶에 천국의 진리를 말씀하고 계신다.

> 그러나 그분 곧 진리의 영(진리를 주시는 영)이 오시면, 그분이 너희를 모든 진리(온전한 진리) 가운데로 인도하실 것이다. 그분은 자신의 (권위로 하는) 메시지를 말씀하지 않으시고, 무엇이든 자기가 [아버지에게] 들은 것만 말씀하실 것이며[자기에게 주어진 메시지만 전하실 것이며], 앞으로 일어날 일들을 너희에게 알리고 선포하실 것이다. (요 16:13, 확대역)

지금 이 순간, 주님의 뜻은 분명하다. 그분은 당신의 삶에 대해 증언하고 싶어 하신다. 각 사람에게 말씀하셔서, 모두를 자유롭게 하기 원하신다. 요한복음 8장 36절은 다음과 같다. "그러므로 아들이 너희를 자유롭게 하면 너희가 참으로 자유로우리라." 바울은 우리에게 지혜와 계시의 영이 임하기를 기도했다. 하나님의 운행하심에 참여하고 천사들과 동역하려면 이것이 대단히 중요하다.

하나님은 택하신 백성에게 지혜와 계시의 영이 임하게 하시고, 그 일이 바로 지금 이 땅에서 일어나게 하신다. 강력한 성령의 운행하심 가운데 그분의 백성의 지각을 열어 거룩한 지혜와 계시로 행하게 하신다.

바울은 그리스도인이 마땅히 드려야 할 기도를 했다. 이러한 기도는 각 사람이 하나님의 뜻 가운데로 나아가 계속 그 안에 있도록 돕는다. 믿는 자들은 자주 이렇게 기도해야 한다! 바울도 이렇게 기도했고, 우리도 다음과 같이 기도해야 한다.

> 우리 주 예수 그리스도의 하나님, 영광의 아버지께서 지혜와 계시의 영의 풍성함을 여러분[나]에게 주셔서 그분과의 깊은 친밀감을 통해 하나님을 알게 하시길 기도합니다.
> 여러분[내]이 그분의 부르심의 소망의 충만한 계시, 즉 그분의 거룩한 자들[자]인 우리[나] 안에서 발견하시는 하나님의 영광스러운 유업의 풍성함을 경험하기까지, 하나님의 빛이 여러분[내]의 상상력의 눈을 밝혀 주셔서 여러분[나]을 빛으로 넘치게 하시길 기도합니다!
> 여러분[내]이 믿음을 통해 여러분[나]에게 가능해진 하나님의 능력의 헤아릴 수 없는 위대함을 경험하길 기도합니다. 그러면 그 능력이 여러분[나]을 통해 역사함으로, 여러분[나]의 삶이 이 무한한 능력을 알리게 될 것입니다! 이것은 하나님께서 그리스도를 죽은 자 가운데서 일으키시고 하늘의 영역에서 지극히 높은 영광과 권세의 자리로 높이실 때 풀어진 강력한 능력입니다! 그리하여 이제 그분은 존재하는 모든 정사와 권세와 통치와 능력 위에 가장 높아지셨

습니다! 그분은 영광스럽게 이 시대뿐만 아니라 오는 시대에도 지금까지 칭송받은 모든 이름 위에 앉혀지셨습니다!

그러므로 오직 그분만이 교회의 지도자요, 교회에 필요한 모든 것의 근원이십니다. 하나님께서 모든 것을 예수 그리스도의 권세 아래 두셨고, 그분께 모든 다른 것들 위에 가장 높은 지위를 주셨습니다. 이제 그분의 교회[의 일부]인 우리[나]는 이 땅에서 그분의 몸이니, 이 몸은 이것으로 충만하게 되시는 그분[우리]을 충만하게 합니다! (엡 1:17-23, TPT)

그리스도인들은 반드시 다음 구절을 기억해야 한다.

여호와를 경외하는 것이 지혜의 근본이요 거룩하신 자를 아는 것이 명철이니라 (잠 9:10)

주의 규례는 정당하여 마음을 기쁘게 한다

성령의 운행하심과 함께 주님의 기쁨이 임하고 있다. 놀라울 정도로 많은 기름과 새 포도주가 부어질 것이다. 이것이 주님의 기쁨이다. 하나님이 세우신 것은 정당하고, 우리의 원수는 틀렸다!

이제 불가능한 일은 없다. 주님의 천사들이 우리를 소명으로 인도하기 위해 이곳에 있다. 삶 전체를 사랑하는 하늘 아버지께 내어 드리라. 그러면 넘치는 기쁨을 경험하게 될 것이다!

온전히 주를 신뢰하며 네 자신의 생각에 기대지 말라. 온 맘을 다해 주께 의지하여 그가 너를 이끄시도록 하라. 그리하면 그가 네게 내리는 모든 결정 가운데 인도하시리라. 주와 친밀하되, 네가 무슨 일을 하든지 그리하면 네가 어디를 가든지 그가 너를 인도하시리라. 또한 한순간도 네가 이 모든 것을 다 안다고 여기지 말라. 네가 주를 흠모할 때 지혜가 오나니, 떨림과 놀라움 가운데 그를 경배하며 잘못된 것들은 다 피하라. 그리하면 네가 치유의 상쾌함을 맛보리니, 네 몸과 영혼이 바라던 바라. 너의 모든 소유로 하나님을 영화롭게 하라. 네가 가진 최고의 것으로 그를 공경하되, 네게 들어오는 모든 소득의 증가로 그리하라. 그리하면 네 삶의 모든 영역에서 축복이 넘쳐 흐르리니, 걷잡을 수 없는 내적 기쁨의 원천으로부터! (잠 3:5-10, TPT)

주의 계명은 순수하여 눈을 밝게 한다

우리 모두는 하나님의 입에서 나오는 말씀을 사랑한다. 그것은 순수하며, 생명과 빛과 진리로 충만하다. 한 인격으로서의 하나님과 그분의 입에서 나오는 말씀은 다르지 않다. 주님은 순수하시고, 그분이 하시는 말씀도 순수하다.

예수님은 이렇게 말씀하셨다. "마음이 청결한 자는 복이 있나니 그들이 하나님을 볼 것임이요"(마 5:8). 주님의 말씀은 모든 믿는 자들의 눈을 밝히는 순수한 빛으로, 각 사람 앞에 무엇이 있는지 보게 하신다. 우리가 주님을 경외하는 마음으로 스스로를 순결하게 지키면, 하나님과 영의 세계를 보게 될 것이다.

> 여호와를 경외하는 자에게는 견고한 의뢰가 있나니 그 자녀들에게 피난처가 있으리라 여호와를 경외하는 것은 생명의 샘이니 사망의 그물에서 벗어나게 하느니라 (잠 14:26-27)

주님을 두려워(경외)함은 순결하여 영원히 지속된다

이것은 삶 가운데 주님과 친밀하게 동행하기 원하는 자들을 위한 것이다. 주님은 각 사람이 거룩한 땅을 걷도록 이끄시는데, 여기서 거룩한 땅은 천사들이 밟는 곳을 말한다. 하나님의 자녀들은 이곳에서 천사들과 동행하도록 부름 받았다. 우리에게 주님을 경외하는 마음이 있으면, 삶 가운데 놀라울 정도로 많은 것들이 이루어지게 될 것이다. 그분은 참으로 우리에게 필요한 전부이시다.

> 여호와를 경외하는 것은 사람으로 생명에 이르게 하는 것이라 경외하는 자는 족하게 지내고 재앙을 당하지 아니하느니라 (잠 19:23)

주님을 경외함에는 많은 은택이 있다. 우리가 각 사람을 사랑하시는 놀랍고 거룩하신 하나님의 임재 앞에 겸손히 엎드릴 때, 이러한 은택들이 임하게 된다. "겸손과 여호와를 경외함의 보상은 재물과 영광과 생명이니라"(잠 22:4).

 이 땅의 모든 그리스도인은 재물을 소유하게 되어 있다. 이러한 부에는 목적이 있는데, 바로 믿는 자들이 하나님의 일을 도울 수 있도록 제공되는 것이다. 특히 이 마지막 때에는 믿는 자들에게 부가 필요하다. 이것이 우리로 하여금 계속해서 하나님의 일들을 향해 나아가고, 다른 사람들에게 사역할 수 있도록 해 주기 때문이다.

 존귀와 생명은 모든 믿는 자의 유업 중 하나이다. 우리가 계속해서 주님을 경외하면, 하나님의 마지막 운행하심 가운데 천사들과 함께 동행하게 될 것이며, 존귀와 풍성한 생명도 지속될 것이다.

> 여호와를 경외하면 장수하느니라 그러나 악인의 수명은 짧아지느니라 (잠 10:27)

주의 판단은 전적으로 참되고 의롭다

 주님의 판단은 항상 바르고 참되다. 다가올 하나님의 운행하심에 동참하려면, 그분이 무엇을 미워하시는지 알아야 한다. "여호와를 경외하는 것은 악을 미워하는 것이라 나는 교만과 거만과 악한 행실과 패역한 입을 미워하느니라"(잠 8:13).

 우리는 항상 주님의 군대의 사령관이신 의로우신 우리 하나님께서 악독과 교만 등 악한 길을 미워하신다는 사실을 인식해야 한다. 또한 천사들도 하나님이 미워하시는 것들을 미워한다. 따라서 천사들과 동역하기 원하는 하나님의 자녀들도 이런 것들을 미워해야 한다. 천사들은 우리의 동역자들이며, 이 마지막 때에 모든 믿는 자들을 섬기고, 그들이 영혼을 추수하는 것을 돕기 위해 보냄 받았다.

- 그런즉 사랑하는 자들아 이 약속을 가진 우리는 하나님을 두려워(경외)하는 가운데서 거룩함을 온전히 이루어 육과 영의 온갖 더러운 것에서 자신을 깨끗하게 하자 (고후 7:1)

이 구절이 바로 이번 장에서 전하고자 하는 핵심이다. 바울이 고린도인들에게 말한 내용을 기억하라. 다음 단어들은 모든 그리스도인들이 거룩과 주님을 경외함으로 행하는 것이 얼마나 중요한지 보여 준다.

카다리조(katharizo)

'깨끗하게 하다, 정화하다'를 뜻하는 이 단어는 물리적·의식적·종교적 의미로 사용되었다. 70인역본에서 약 115회 등장하고, 신약성경에서는 31회 사용되었다.

하기오쉬네(hagiosyne)

거룩함을 의미하는 이 단어는 '상태'보다 '자질'을 나타낸다. 신약성경에서 3회 등장하는데, 바울 서신(롬 1:4, 고후 7:1, 살전 3:13)에서만 사용되었다.

포보스(phobos)

'도주, 공포, 경악, 두려움, 경외' 등을 의미하는 이 단어는 70인역본에서 두려움의 대상이 되는 사람이나 사물을 의미하는 데 사용되어 하나님을 경외의 대상이 되시는 분으로 묘사한다(창 31:42, 53, 사 8:13). 신약성경에서는 47회 등장한다.

Chapter 5
거룩함의 아름다움

여호와의 이름에 합당한 영광을 그에게 돌려라 제물을 들고 그 앞에 들어가라
거룩함의 아름다움과 거룩한 대열로 여호와께 경배하라(대상 16:29, 확대역).

Chapter 5

지금도 가장 믿기 힘든 경험 중 하나가 하나님의 보좌의 방에서 있던 것이다. 그곳에 있는 모든 것이 참으로 아름답고 거룩했다. 예수 그리스도께서는 하나님 아버지 옆에 있는 보좌에 앉아 계셨다. 나는 아버지의 얼굴을 볼 수는 없었지만, 엄청난 영광과 위엄을 경험했다. 아버지의 얼굴은 오직 상상만 할 수 있었다. 한편 예수님의 모습은 완벽했다.

보좌의 방에 있는 모든 것은 상상을 초월한다. 주님이 거하시는 거룩한 성소 안에는 위대한 질서가 있다. 그곳에서 나는 모든 나라와 백성이 그분 앞에 나아와 그들이 살아온 삶에 대해 밝혀야 할 것이라는 놀라운 사실을 깨달았다. 모든 나라와 백성이 참된 하나님은 오직 한 분뿐이며, 그분이 거룩하시다는 것을 알게 될 것이다.

나는 성도들과 천사들이 노래하며 보좌에 앉으신 분께 경배하는 소리를 들었다. 또 헤아릴 수 없을 정도로 많은 천사들도 보았다. 그들은 흰옷을 입고 하나님을 경배하며 한 소리로 노래하고 있었다. 그들은 "죽임당하신 어린양이 합당하시도다"라고 노래했다. 그 모든 아름다움은 우리가 구하거나 생각할 수 있는 수준을 넘어서는 것이었다. 성부와 성자 하나님께서는 그곳에 있는 모든 백성의 경배를 받으셨다.

> 그분의 영광을 민족들 가운데, 그분의 놀라운 일들을 모든 백성들 가운데 선포하라. 여호와는 위대하시니 크게 찬양받으셔야 한다. 또한 그분은 신이라 불리는 모든 것들보다 두려워할 분이시다. 백성들의 모든 신들은 [생명 없는] 우상들이지만, 여호와께서는 하늘들을 만드셨다. 존귀과 위엄이 그분 앞에(서) 있으며[발견되며], 능력과 즐거움이 그분의 처소에(서) 있다[발견된다]. 너희 백성의 족속들아, 여호와께 돌려라. 영광과 능력을 돌려라. 여호와께 돌려라. 그분의 이름에 합당한 영광을 여호와께 돌려라. 제물을 가지고 그분 앞에 나아가라. 거룩함의 아름다움과 거룩한 대열로 여호와께 경배하라. 온 땅의 백성들아, 그분 앞에서 떨며 두려워하라. 세상도 굳게 세워져 흔들리지 않을 것이다. (대상 16:24-30, 확대역)

스트롱 성구사전은 본문을 이해하는 데 중요한 용어 다섯 가지를 다음과 같이 정의한다.

카보드(kabod)

'풍부, 다량, 다수, 부, 영예, 영광'을 의미하는 이 단어는 물건의 물리적으로 큰 무게나 '양'을 언급한다. 또한 '부, 재물'과 중요하고 긍정적인 '명성', '영광', 즉 당당한 인물이나 지위를 강조하는 추상적인 의미를 지닌다. 구약성경에서 약 40회 등장하는데, 이 단어가 하나님과 관련하여 사용될 때는 하나님께 합당한 속성을 나타낸다.

하다라(hadara)

'장식, 꾸밈, 영광'을 의미하는 이 단어는 구약성경에서 5회 등장한다(대상 16:29, 대하 20:21, 시 29:2, 시 96:9, 잠 14:28).

코데쉬(qodes)

'분리됨, 거룩함, 신성함'을 의미하는 이 단어는 거룩한 영역에 속하는 사물, 즉 범속한 것과는 구별되는 사물의 본질적 특성을 나타낸다. 구약성경에서 약 470회 등장한다.

야레(yare)

'두려워하다, 무서워하다, 경외하다'를 의미하는 이 단어는 구약성경에서 약 330회 등장한다. 성경에서 주로 '두려움의 감정', '감정적인 반응에 강조점을 두지 않는, 악에 대한 지적인 예상', '존경이나 경외', '의로운 행동이나 경건', '형식적인 종교적 예배' 등의 의미로 사용되났나.

북쪽에서는 황금 같은 빛이 나오니 [백성들이 그것을 거의 바라볼 수가 없고 하나님 주변에는 [사람의 눈에 너무나 영광스러운] 놀라운 광채와 위엄이 있다. (욥 37:22, 확대역)

호드(hod)

'빛남, 광채, 장려, 위엄, 영광, 영예'를 의미하는 이 단어는 주로 하나님과 연결되어 사용되며, 구약성경에서 24회 등장한다.

시편 29편의 진리

주의 위엄을 선포하라. 너희 강한 챔피언들이여! 전능하신 하나님의 아들들이여! 모든 영광과 능력을 주께 돌릴지어다! 주의 위엄 앞에 두려움으로, 그 권능과 힘 앞에 경외함으로 나아가 경배하라. 그는 찬란함으로 단장한 여호와시라! 주께서 거룩한 아름다움으로 나타나실 때 엎드려 예배드리라. 주의 이름에 합당한 영광을 돌릴지어다. 영광스런 옷을 입고 주께 예배드리라. 그 옷은 거룩한 제사장으로의 부르심이로다! 주의 소리는 하늘과 바다에 울려 퍼지고 영광의 하나님께서 다스리시되, 구름 가운데 천둥을 치는 것 같도다. 그 소리가 힘 있고 우렁참이여, 물 위에 천둥을 칠 때 그 얼마나 장엄한지! 북소리 같은 천둥소리는 건장한 나무들을 무너뜨리고, 교향곡처럼 울리는 주의 음성은 거대한 숲을 쪼개는도다. 이제 시온의 산들도 주의 준엄한 외침에 흔들리는구나! 귀를 찌를 듯한 주의 소리에 눈 덮인 봉우리들이 떠는구나! 번개로 불이 번쩍 거리고, 주께서 말씀하시니 벼락이 치도다. 하나님께서 지각판을 흔들고, 지진으로 자신을 드러내시며, 주 목소리 발하실 때 사막이 흔들리는도다. 두려움과 떨림으로 사람과 짐승이 동요하는구나. 주의 천둥이 삼림을 말갛게 벗기시니, 성전에서 모두가 주 앞에 엎드리어 한 소리로 외치는도다. "영광의 하나님께 영광 영광!" 맹렬한 홍수 위에 좌정하심이여, 왕이신 하나님께서 영원토록 다스리시는도다. 그는 주의 백성에게 힘과 능력을 주시는 자라, 평강으로 입 맞추는 여호와시로다. (시 29:1-11, TPT)

시편 29편에는 우리가 인정하고 적극적으로 참여해야 할 몇 가지 진리가 나타나 있다. 그리스도인들은 주님의 거룩하심의 아름다움에 집중해야 한다. 또한 천군의 사령관이신 그분의 몇 가지 기본적인 특징을 온전히 파악해야 한다.

다음에 정리된 시편 29편의 여덟 가지 내용을 자주 묵상하기 바란다. 이 땅의 모든 믿는 자에게 하나님의 예정하심과 능력으로 충만한 사명이 주어졌다. 여기에는 이미 진행 중인 하나님의 마지막 운행하심 가운데 천사와 동역하는 것도 포함되어 있다. 시편 29편의 주요 내용을 정리하면 다음과 같다.

- 주의 위엄을 선포하라.
  - 너희 강한 챔피언들이여
  - 전능하신 하나님의 아들들이여
  - 모든 영광과 능력을 주께 돌릴지어다!

- 주의 위엄 앞에 경외함으로 나아가 경배하라.
  - 그 권능과 힘 앞에 경외함으로 나아가 경배하라.
  - 그는 찬란함으로 단장한 여호와시라!
  - 주께서 거룩한 아름다움으로 나타나실 때 엎드려 예배드리라.
  - 주의 이름에 합당한 영광을 돌릴지어다.
  - 영광스런 옷을 입고 주께 예배드리라. 그 옷은 거룩한 제사장으로의 부르심이로다!

- 주의 소리는 하늘과 바다에 울려 퍼진다.
  - 영광의 하나님께서 다스리시되, 구름 가운데 천둥을 치는 것 같도다.
  - 그 소리가 힘 있고 우렁참이여
  - 물 위에 천둥을 칠 때 그 얼마나 장엄한지!
  - 북소리 같은 천둥소리는 건장한 나무들을 무너뜨리고
  - 교향곡처럼 울리는 주의 음성은 거대한 숲을 쪼개는도다.
  - 이제 시온의 산들도 주의 준엄한 외침에 흔들리는구나!
  - 귀를 찌를 듯한 주의 소리에 눈 덮인 봉우리들이 떠는구나!

- 번개로 불이 번쩍거리고, 주께서 말씀하시니 벼락이 치도다.

- 하나님께서 지각판을 흔들고, 지진으로 자신을 드러내시며

- 주 목소리 발하실 때 사막이 흔들리는도다.

- 두려움과 떨림으로 사람과 짐승이 동요하는구나.

- 주의 천둥이 삼림을 말갛게 벗기시니

- 성전에서 모두가 엎드려 한 소리로 외치는도다. "영광의 하나님께 영광 영광!"

- 맹렬한 홍수 위에 좌정하심이여

- 왕이신 하나님께서 영원토록 다스리시는도다.

- 그는 주의 백성에게 힘과 능력을 주시는 자라.

- 평강으로 입맞추는 여호와시로다.

주의 위엄을 선포하라

우리는 왕의 높은 지위와 권세를 올바르게 분별해야 한다. 왕 중의 왕이신 분의 임재 안에 있으면, 그분을 경배하고 그분이 행하신 모든 것을 인정하게 된다. 우리는 가장 높으신 하나님의 아들과 딸로, 우리의 동역자인 천사들과 함께 선다. 천사들은 성경에서 하나님의 아들들로 언급되기도 한다. "하루는 하나님의 아들들이 와서 여호와 앞에 섰고 사탄도 그들 가운데에 온지라"(욥 1:6).

하나님의 위엄을 선포한 그리스도인들은 성경에 그분의 자녀들이 강력한 승리자로 언급되어 있는 사실을 기억해야 한다. 우리는

가장 높으신 하나님의 자녀들이므로, 각자에게 놀라운 유업이 있다. 하나님께서도 우리를 강력한 승리자로 부르셨다.

그리스도인들이 이 마지막 운행하심 가운데 천사들과 함께하면 전투력이 크게 높아진다. 천사들 역시 강력한 승리자들이다. 그리스도인들을 강력한 승리자로 언급하면 이 땅에서 그들의 전투력에 영향을 미치게 된다. 우리가 보좌에 앉으신 분의 능력과 영광을 인정하고 순복할 때, 모두 승리자가 될 수 있다. 하나님의 운행하심은 더 강력해질 것이고, 그리스도인들은 하나님이 궁극적으로 승리의 모든 영광을 받으실 분이라는 것을 늘 인정하게 될 것이다.

주의 위엄 앞에 경외함으로 있으라

그리스도인들은 천사들의 군대를 이끄시는 우리 하나님의 능력과 힘을 인정해야 한다. 하나님이 얼마나 놀랍고 근사한 분인지 깨닫게 되면, 엎드려 그분을 경배하게 될 것이다. 이런 차원으로 하나님과 친밀해지면, 우리를 둘러싸고 있는 천사들과 많은 것을 공유하게 된다. 우리는 거룩하고 아름다운 빛에 둘러싸이신 놀라운 우리 하나님을 보아야 한다.

지금은 주님께 그 이름에 합당한 영광을 돌려 드려야 할 때다. 그리스도인들은 지극히 높으신 하나님의 제사장들로, 성경이 선포하는 대로 하나님을 경배해야 한다. 이것은 거룩한 제사장적 부르심의 영광스러운 옷을 입어야 한다는 의미이다. 이러한 하나님의 위대한 마지막 운행하심 안에서 그리스도인들에게 임한 부르심에는 성령의 능력으로 놀라운 위업을 달성하는 것도 포함된다.

> 북쪽에서 금빛이 나오고 [그래서 백성들은 그것을 거의 바라보지 못하고] 하나님 주변에는 [사람의 눈에 너무나 영광스러운] 놀라운 광채와 위엄이 있다. (욥 37:22, 확대역)

주의 소리는 하늘과 바다에 울려 퍼진다

이 구절은 피조물 전체에 울려 퍼지는 그분의 음성에 초점을 맞추고 있다. 이것은 천사들이 지속적으로 귀 기울이며 순종하는 바로 그 음성이며, 또한 믿는 자들에게 말씀하시는 소리이다. 하나님의 음성은 구름 가운데 천둥을 치는 것 같다. 주님의 소리는 참으로 강력하다. 그분은 진리를 선포하시고, 믿는 자들의 부르심을 선포하신다. 하나님의 음성은 나아가서 그분이 선포하신 말씀을 성취하시므로, 그리스도인들에게는 밝고 찬란한 미래가 예견되어 있다. 그분의 음성은 나무들과 산에 영향을 미친다.

성경에 의하면, 주님께서 말씀하시면 번갯불이 번쩍이며 그분이 목표하신 곳을 친다. 또 지진과 천둥번개를 일으키는 바로 그 음성은 "내가 너를 사랑한다. 너를 향한 나의 계획은 너를 형통하게 만드는 것이다"라고 말씀하신다. 기억하라. 천사들에게 명령하시는 바로 그 음성은 그분의 자녀들에게도 명령을 내리신다.

주의 성전에서 모두가 엎드려 한 소리로 "영광의 하나님께 영광 영광!" 하고 외친다

믿는 자들이 엎드려 "영광!" 하고 반복하여 소리치기 시작할 때, 자신들을 둘러싼 수많은 천사들을 보게 될 것이다. 또한 천사들이 하나님의 자녀들도 함께 경배하기를 열망한다는 사실을 깨닫게 될 것이다. 우리가 믿음으로 나아가 엎드려 경배하면 천사들도 함께하고 싶어 한다. 천사들은 그리스도인들과 더불어 하나님을 경배하는 것을 좋아한다.

로마서 12장 1절에 따르면, 믿는 자가 그의 몸으로 하나님을 영광스럽게 할 때, 그 행위는 살아 있는 제사가 된다고 한다. 믿는 자들은 자기 자신을 하나님께 드리고, 생명을 포함하여 모든 것에 그분께 모든 영광을 돌려야 한다. 이렇게 하나님을 인정하면, 각 사람의 삶에 위대한 일들이 일어나기 시작한다.

천사들은 그리스도인들이 언제 하나님의 말씀에 순종했는지 안다. 그리고 그럴 때마다 천국의 책에 참된 경배의 순간을 기록한다. 천사들은 그리스도인들이 예배 가운데 하나님께 드리는 제사를 그때그때 즉시로 기록한다.

> 그때에 여호와를 경외하는 자들이 피차에 말하매 여호와께서 그 것을 분명히 들으시고 여호와를 경외하는 자와 그 이름을 존중히 여기는 자를 위하여 여호와 앞에 있는 기념 책에 기록하셨느니라

(말 3:16)

맹렬한 홍수 위에 좌정하신 분이 다스리신다

시편 29편에서 우리가 기억해야 할 진리는, 주의 군대의 사령관이신 "보좌에 앉으신 분"께서 이 땅의 모든 혼란 위에서 다스리고 계시다는 것이다. 믿는 자들의 삶 가운데 무슨 일이 벌어지든지, 그들의 사령관께서 그 모든 것 위에 좌정해 계신다!

하나님은 시편 91편에서 믿는 자에 관한 명령을 내리면서 천사들에게 그 사람을 들어 올리라고 말씀하신다. 그 무엇도 전능하신 하나님을 놀라게 할 수 없다. 그분은 항상 그분의 소유된 자들을 위해 행동할 준비를 하고 계신다. 동시에 그분의 천사들도 정의를 실행하기 위해 지금 이 순간에도 대기하고 있다.

왕이신 하나님이 영원토록 다스리신다

이것은 천사들의 사역뿐만 아니라 이 마지막 때에 그리스도인이 감당해야 할 역할과 관련하여 대단히 중요한 또 하나의 진리이다. 우리의 하나님은 영원하신 분이다. 또한 그분은 통회하고 마음이 겸손한 자들과 함께 거하신다.

지극히 존귀하며 영원히 거하시며 거룩하다 이름하는 이가 이와 같이 말씀하시되 내가 높고 거룩한 곳에 있으며 또한 통회하고 마음이 겸손한 자와 함께 있나니 이는 겸손한 자의 영을 소생시키며 통회하는 자의 마음을 소생시키려 함이라 (사 57:15)

우리 하나님은 영원의 지배를 받지 않으신다. 오히려 영원이 그분을 돕는다. 그래서 하나님은 그것을 곁에 두시고 함께 다스리신다. 하나님께서 창조하신 모든 법칙은 그분의 지시와 감독 아래 있다. 우리가 아버지와의 온전한 관계 가운데 성령님과 하나님의 말씀을 따르는 한, 영원한 삶을 살게 되어 있다. 우리 하나님께서 영원을 곁에 두시고 하늘에서 다스리시기 때문에, 믿는 자들은 이 물질세계의 제한을 받지 않는다!

그분은 주의 백성에게 힘과 능력을 주시는 분이다

하나님은 천사들을 강하게 하신다. 그리고 천사들은 그분의 말씀으로 힘을 얻는다. 하나님이 하늘에서 모든 믿는 자들의 부르심에 대해 말씀하실 때, 그리스도인들도 그분의 말씀에 힘을 얻는다. 또한 그리스도인들에게는 예수님을 죽은 자 가운데서 일으키신 것과 동일한 능력이 있다.

로마서 8장 11절은 그리스도를 죽은 자 가운데서 일으키신 그 능력이 모든 믿는 자 안에 거한다고 말씀한다. 우리는 하나님의 모든 뜻 가운데 굳게 서서 이 땅 가운데 우리의 부르심을 이뤄 가야 한다. 하나님께서 우리의 원수들이 흩어지게 하실 것이다.

그분은 우리에게 평강(샬롬)으로 입맞추시는 주님이다

하나님은 모든 믿는 자에게 평강(샬롬)으로 입맞춰 주신다. 이 입맞춤은 성실함과 온전함 그리고 하나님의 소유된 자들을 향한 그분의 사랑을 온전히 성취하신 표이다. 하나님은 예수님의 피로 그분의 자녀들과 언약을 맺으셨고, 이 언약은 이 입맞춤으로 인침 받았다.

모든 믿는 자를 향한 하나님의 사랑이 절대로 실패하지 않기 때문에, 우리는 실패할 수 없다. 천사들도 마찬가지이다. 이 마지막 때에 천사들은 주님이 명령하시는 대로 모든 상황 가운데 우리를 격려하고 돕기 위해 나아간다.

> 오 거룩함의 아름다움으로 주님을 경배하라. 온 땅이여, 그분 앞에서 떨며 경외하라. 주께서 다스리시는 민족들 가운데 말하라. 세상도 굳게 서서 흔들리지 않을 것이니, 그분께서 백성들을 의롭게 정의로 심판하실 것이다. (시 96:9-10, 확대역)

Chapter 6

주님을 앙망함

나의 영혼이 잠잠히 하나님을 앙망하니,
나의 승리가 그분으로부터 나온다. 오직 그분만이 나의 반석이며 구원이요,
나의 요새이니, 내가 결코 흔들리지 않을 것이다(시 62:1-2, NLT).

Chapter 6

하나님을 앙망하는 것은 누구든지 할 수 있는 가장 중요한 일이다. 그런데 우리가 사는 이 사회에서는 그 무엇도 기다리려 하지 않는다. 사람들은 모든 것이 즉각적이길 기대한다. 우리는 결과를 보기 위해 상황을 밀어붙이고 조종하는 법을 배웠다. 마치 공격적이지 않으면 아무것도 되지 않는다고 생각하는 것 같다. 그래서 대부분의 사람들이 어떤 상황에서든 돌파와 승리를 얻기 전에 깨어짐과 연약함을 경험하는 것이다.

우리는 주님을 앙망함으로 그분 앞에서 겸손해지고 깨어지게 된다. 나는 주님을 앙망하면서 주님과 그분의 천사들을 만났다. 그분을 앙망하는 가운데 하나님의 말씀과 성령이 연합하여 함께 일하실 수 있게 해 드렸는데, 그것은 충분히 가치가 있는 시간이었다. 주님을 앙망하는 것은 그분이 거룩한 폭발을 일으키시도록 시간을 내어 드리는 것이다.

그러나 사람들은 하나님을 앙망해야 한다는 계시를 그리 좋아하지 않는다. 지금 우리 사회는 모든 도전과 어려움에 대해 즉각적인 해결책을 요구한다. 그러나 성경과 역사 가운데 하나님께 쓰임 받은 사람들은 모두 인내와 기다림이 모든 도전과 어려움을 해결하는 열쇠라는 교훈을 배워야 했다.

> 지극히 존귀하며 영원히 거하시며 거룩하다 이름하는 이가 이와 같이 말씀하시되 내가 높고 거룩한 곳에 있으며 또한 통회하고 마음이 겸손한 자와 함께 있나니 이는 겸손한 자의 영을 소생시키며 통회하는 자의 마음을 소생시키려 함이라 (사 57:15)

영원의 저편에서 주님과 함께하면서 이 땅의 삶 가운데 진정으로 중요한 것이 무엇인지에 대한 관점이 완전히 바뀌었다. 나는 성경의 특정한 진리들에 대해 더 이상 의문을 갖지 않는다. 나에게는 누가 진실이 아닌 것을 말하려 하는지, 또 그들이 하는 진실이 아닌 말은 무엇인지는 중요하지 않다.

나에게는 진리의 영이 계시해 주신 진리가 있다. 그것은 선포되고 기록된 형태로 나에게 임했다. 나에게 성경은 명백한 진리이다. 우리의 삶을 향한 계획과 목적은 우리가 생각하는 것보다 훨씬 더 크고 대단한 경우가 많다. 하지만 인내하며 주님을 앙망하려 하지 않는 사람은 하나님께서 그 사람을 향해 계획해 두신 깊은 비밀들을 반드시 알 필요가 없다.

잃어버린 기술, 기다림

이 땅에 하나님의 위대한 운행하심이 임하고 있다. 그것은 이미 시작되었다. 그러나 그리스도인들은 그동안 외면해 온 인내하며 주님을 앙망하는 삶을 회복해야 한다. 하나님이 얼마나 신속하게 우리의 삶 가운데 운행하실 수 있는지 아는 사람이라면, 그분이 부어 주시고자 하는 좋은 것들을 마련하실 수 있도록 충분히 시간을 드릴 것이다.

지금은 주님을 앙망해야 할 때이다. 천사들은 이 땅과 하늘에서 무슨 일이 벌어지고 있는지 우리보다 훨씬 잘 안다. 그러나 이제는 그렇게 되어서는 안 된다. 그리스도인 안에는 성령님이 거하셔서 그들을 모든 진리로 인도하신다. 그러므로 이 땅과 하늘에서 무슨 일이 벌어지고 있는지 알아야 한다.

모든 그리스도인은 지금 이 순간 천사들이 자신의 삶 가운데 행하고 있는 일에 동참해야 한다. 지금은 믿는 자들이 주님을 앙망하며 그분의 말씀을 묵상하고, 성령께서 계시를 깨우쳐 주시도록 허락해 드려야 할 때이다. 또한 하나님께서 모는 믿는 자를 향한 계획과 목적을 인치셨다는 것을 깨달아야 한다. 이러한 계획과 목적은 그 사람이 태어나기 훨씬 오래전에 기록되었다. 성경에는 하나님께서 사람들을 택하여 한 세대의 구원자로 삼으신 예들이 많다.

오늘날 이 세상에는 많은 예언적 음성들이 있다. 지금 이 책을 읽고 있는 그리스도인들은 이 세대를 향해 하나님이 예비하신 부르심 안으로 활성화되어 들어가고 있다. 우리는 이와 같은 때를 위해 하나님 나라로 들어온 것이다. 그리스도인들이 거룩한 부르심을 따르기 시작하면, 천사들은 그들의 삶 가운데 일어날 일들로 인해 기뻐한다. 바로 지금이 모든 그리스도인이 하나님께서 각자를 향해 정해 두신 삶으로 들어갈 때이다.

모세는 더 많이 원했다

이스라엘의 위대한 구원자로 택함 받은 모세는 이스라엘 백성을 해방시켜야 했다. 그는 하나님께 자신이 아는 것보다 더 많은 것이 있다는 사실을 인식했다. 하나님은 모세에게 그분의 임재가 함께 갈 것이며, 그가 안식을 얻게 될 것이라고 말씀해 주셨다. 그러나 이것이 하나님께서 모세를 위해 예비하신 전부가 아니었다. 모세는 하나님께서 아직 드러내지 않고 계시는 것이 있다는 사실을 눈치챘다. 그래서 하나님께 그분의 영광을 보여 달라고 구했던 것이다.

모세가 여호와께 아뢰되 보시옵소서 주께서 내게 이 백성을 인도하여 올라가라 하시면서 나와 함께 보낼 자를 내게 지시하지 아니하시나이다 주께서 전에 말씀하시기를 나는 이름으로도 너를 알고 너도 내 앞에 은총을 입었다 하셨사온즉 내가 참으로 주의 목전에 은총을 입었사오면 원하건대 주의 길을 내게 보이사 내게 주를 알리시고 나로 주의 목전에 은총을 입게 하시며 이 족속을 주의 백성으로 여기소서 여호와께서 이르시되 내가 친히 가리라 내가 너를 쉬게 하리라 모세가 여호와께 아뢰되 주께서 친히 가지 아니하시려거든 우리를 이곳에서 올려 보내지 마옵소서 나와 주의 백성이 주의 목전에 은총 입은 줄을 무엇으로 알리이까 주께서 우리와 함께 행하심으로 나와 주의 백성을 천하 만민 중에 구별하심이 아니니이까 여호와께서 모세에게 이르시되 네가 말하는 이 일도 내가 하리니 너는 내 목전에 은총을 입었고 내가 이름으로도 너를 앎이니라 모세가 이르되 원하건대 주의 영광을 내게 보이소서 여호와께서 이르시되 내가 내 모든 선한 것을 네 앞으로 지나가게 하고 여호와의 이름을 네 앞에 선포하리라 나는 은혜 베풀 자에게 은혜를 베풀고 긍휼히 여길 자에게 긍휼을 베푸느니라 또 이르시되 네가 내 얼굴을 보지 못하리니 나를 보고 살 자가 없음이니라 여호와께서 또 이르시기를 보라 내 곁에 한 장소가 있으니 너는 그 반석 위에 서라 내 영광이 지나갈 때에 내가 너를 반석 틈에 두고 내가 지나도록 내 손으로 너를 덮었다가 손을 거두리니 네가 내 등

을 볼 것이요 얼굴은 보지 못하리라 (출 33:12-23)

모세는 바위틈에서 놀라운 일을 경험했다. 그는 하나님이 그분의 거룩한 이름을 선포하시는 것을 들을 수 있었다. 이전까지 어느 누구도 듣지 못한 방법으로 하나님 자신을 표현하시는 것을 들은 것이다. 하나님은 그분의 모든 선하심으로 지나가시며 한 인격으로서 자신이 누구인지 계시해 주셨다. 모세는 그분이 긍휼을 베풀 자에게 긍휼을 베푸시는 선하신 하나님이라는 것을 깨닫게 되었다. 그러나 이미 모세에게는 하나님이 원하시는 일을, 원하시는 때에, 그분이 원하시는 자들에게 행하실 수 있다는 계시가 있었다.

깨우침

주님을 앙망하면 놀라운 일이 일어난다. 믿는 자들이 하나님의 말씀을 묵상하고, 하나님의 영으로 그들의 영에 임한 진리를 영적으로 깨닫게 되면, 그들을 둘러싼 영적 분위기에 빛을 비추게 된다. 이런 일은 시간이 지날수록 더 많이 일어나게 될 것이다. 하나님의 아들들이 나타날 때가 가까워지고 있기 때문이다. 믿는 자들 주변에는 천국의 분위기가 충만하다. 그러므로 모두가 하나님의 말씀과 성령의 불로 뜨겁게 타오르는 영을 소유해야 한다.

머지않아 주님께서 믿는 자들에게 약속하신 모든 것이 나타나게 될 것이다. 지금은 모든 그리스도인이 나아가 주님께서 주신 땅을 유업으로 받아야 할 때이다. 하나님을 앙망하고, 성령께서 내면에서 불을 일으키시도록 허락해 드려야 한다. 성령께서 각 사람에게 불을 붙이시면, 천사들이 그들을 도울 것이다.

> 여호와를 바라고(앙망하고) 그의 도를 지키라 그리하면 네가 땅을 차지하게 하실 것이라 악인이 끊어질 때에 네가 똑똑히 보리로다 (시 37:34)

주님은 그분의 자녀들에게 일을 행하는 그분의 법(길)을 보여 주시고, 모든 믿는 자에게 그분의 성품을 계시해 주고 싶어 하신다. 그분은 모든 그리스도인을 사랑하셔서 그들을 지켜보고 계신다. 그분의 계획과 목적은 반드시 이루어지게 되어 있다.

> 그러나 하나님이 듣지 않으신다고, 전능자가 관심이 없으시다고 말하는 것은 잘못이다. 너는 그분을 뵐 수 없다고 말하지만, 오직 네가 그분을 앙망할 때에만 그분이 정의를 가져오실 것이다. (욥 35:13-14, NLT)

하나님은 우리가 구하는 것은 무엇이든 들어주고 싶어 하신다.

우리가 주님을 앙망하면, 그분은 우리를 향한 사랑을 계시해 주실 것인데, 이 계시가 믿는 자의 영을 소생시키고 깨우침을 줄 것이다. "주의 한결같은 사랑으로 내 소리를 들으소서. 오 여호와여 주의 [의로운] 규례대로 나를 다시 살리시고 생명을 주소서"(시 119:149, 확대역).

예수님이 기다리고 계신다

얼마 전 잠에서 깼는데, 맞은편 화장대 옆에 천사가 서 있는 것이 보였다. 그는 이전에 본 천사와는 달리 상당히 화려하고 긴 가운을 입고, 마치 내가 깨어나길 기다렸다는 듯이 거기에 서 있었다. 우리는 즉시 영 안에서 들어 올려졌다. 그 천사는 하나님을 앙망함에 대한 비밀을 보여 주기 위해 나를 특정 장소로 데려갔다.

그곳에서 나는 앞으로 일어날 일들을 보았는데, 이 땅에 임할 하나님의 운행하심과 관련된 것이었다. 그것은 내가 말씀을 전하도록 보냄 받을 교회들의 분위기를 흠뻑 적실 아버지의 영광의 운행하심이었다. 천사는 내가 하나님을 앙망하며 보낸 시간이 성령의 사역 가운데 다다를 수 있는 영광의 분량과 관련이 있다고 말해 주었다.

천사가 이 모든 것을 보여 준 이유는 내가 주님을 앙망하도록 격려하기 위해서였다. 나는 앞으로 가게 될 모든 교회 가운데 엄청난 영광이 나타날 것을 알게 되었다. 이어서 내가 아직 사역하지 않은 교회들도 보였다. 주님은 영광이 이 땅에 임한 모습을 보여 주시며, 그리스도인들이 그분을 앙망함으로 이 영광에 들어갈 수 있다고 말씀해 주셨다.

그 후 천사가 나를 어떤 방으로 데리고 들어갔는데, 예수님이 우리를 기다리고 계셨다. 주님은 슬퍼 보이셨다. 그분은 "내 백성이 나를 앙망하지 않고 있다"고 말씀하셨다. 그리고 나에게 주님의 임재 안에서 기다리는 것이 얼마나 중요한지 가르쳐 주고 싶어 하셨다. 나는 주님을 앙망할 때, 영광이 내 삶과 사역 가운데 커지기 시작한다는 것을 깨달았다. 그때 조금 전에 걸어 들어온 문이 닫히더니, 우리가 있던 공간이 엘리베이터로 바뀌었다.

엘리베이터 안에는 주님을 앙망할 때 이를 수 있는 다양한 계시의 수준을 보여 주는 버튼이 있었다. 그 공간은 사실상 앙망의 방이었다. 예수님께 몇 층을 눌러야 할지 묻자, 그것은 내 선택이라고 말씀하셨다. 주님은 내게 "너는 얼마나 오래 나를 앙망하길 원하느냐?"고 물으셨다. 그분이 고개를 숙이시자 천사들도 숙였고, 나도 고개를 숙였다. 그렇게 우리 모두 기다렸다. 그러자 그 공간 전체가 영광의 영역으로 올라가기 시작했다는 느낌이 들었다.

잠시 후 고개를 들었더니 엘리베이터가 멈추고, 문이 열렸다. 우리는 매우 높은 곳에 올라와 있었고, 그 방은 하나님의 영광과 계시의 지식으로 가득 차 있었다. 문밖으로 하나님의 눈에 비친 내 삶의 모습이 내려다보였다. 대단히 높이 올라와 있어서 나를 괴롭게 하는 모든 것이 정말 작게 보였다. 이것이 하나님을 앙망함으로 얻게 된 결과였다.

주님은 내 삶을 그분의 시선으로 보게 해 주셨는데, 그것은 계시의 방에서 그분을 앙망하기 전까지 내가 알던 것보다 훨씬 좋아 보였다. 이처럼 모든 그리스도인은 자신의 삶에 대한 천국의 관점을 받아야 한다. 그렇게 되려면 하나님을 앙망해야 한다. 우리가 주님을 앙망하며 기다리는 시간은 이 세대에 계시될 하나님의 영광의 분량과 직접적인 관련이 있다.

> 그러므로 여호와께서는 너희가 그분께 나아오길 기다리시니, 이는 너희에게 그분의 사랑과 긍휼을 보여 주시려는 것이다. 여호와는 신실하신 하나님이기 때문이다. 그분의 도움을 기다리는 자들은 복이 있다. (사 30:18, NLT)

가장 중요한 것

이 세대 가운데 이미 하나님의 운행하심이 시작되었다. 중요한 것은 그분의 계시와 영광을 혼적으로 조종하여 억지로 추구하는 것이 아니라, 오직 주님을 앙망해야 한다는 것이다. 하나님께서 위대하고 강력한 영광의 흐름을 일으키실 것이다. 하나님께서 우리에게 맡기신 특정하고 독특한 사역을 깨달으려면 계시받아야 할 것들이 많다. 바로 이 시점에 그리스도인들이 주님을 앙망하는 것은 특별히 중요하다.

지금 이 세대 가운데 믿는 자들에게 필요한 모든 정보를 전달하기 위해 천사들이 파견되었다. 나는 많은 그리스도인들이 하나님께 신실하고 싶어 한다는 것을 안다. 기억하라. 믿는 자들에게 천국의 천사들이 파송되었고, 그들도 우리가 하나님께 신실하기를 바란다. 천사들은 신실함에 잘 훈련된 대행자들이다. 그러므로 우리가 지속적으로 하나님을 신뢰하며 천사들이 자기 일을 하게 두면, 그들을 거부하지 않는 것이다.

믿는 자들은 사명과 밝은 미래가 있는 사랑받는 자녀로 택함 받았다. 우리는 성령의 계시로 자신이 아버지 하나님께 어떤 존재인지 깨달아야 한다. 사도 바울은 장차 우리가 누리게 될 영광에 대해 다음과 같이 말했다.

> 하지만 우리가 지금 받는 고난은 나중에 그분이 우리에게 계시해 주실 영광에 비교하면 아무것도 아닙니다. 모든 피조물이 장차 하나님께서 그분의 자녀들이 진정 누구인지 계시해 주실 그날을 간절히 기다리고 있기 때문입니다. 그 뜻에 반하여 모든 피조물은 하나님의 저주에 굴복하였습니다. 그러나 간절한 소망으로 죽음과 썩음

으로부터의 영광스러운 자유를 하나님의 자녀들과 함께 누리게 될 날을 고대하고 있습니다. 우리는 모든 피조물이 지금까지도 산고의 고통 속에 있는 것같이 신음하고 있다는 것을 알고 있습니다. 또한 우리 믿는 자들도 우리 안에 성령이 계심으로 미래의 영광을 미리 맛보았음에도 불구하고 신음하고 있습니다. 이는 우리의 몸이 죄와 고통으로부터 풀려나길 갈망하기 때문입니다. 우리 역시 간절한 소망을 가지고 하나님께서 우리에게 약속하신 새로운 몸을 포함하여 그분의 자녀 삼으신 자들로서 온전한 권리를 누리게 될 날을 기다립니다. 우리가 구원받았을 때, 이 소망이 주어졌습니다. (우리가 이미 무언가를 가졌다면, 우리는 그것을 소망할 필요가 없을 것입니다. 그러나 우리가 아직 소유하지 못한 것을 고대한다면, 인내하며 확신을 가지고 기다려야 합니다.) (롬 8:18-25, NLT)

지금은 하나님의 사랑받는 자녀로서 일어나야 할 때이다. 아버지께서 그분의 모든 영광 가운데 당신을 방문하러 오고 계신다. 그분은 당신이 그분을 더욱 친밀하게 알기를 바라신다. 당신 곁을 지나시며 그분이 누구인지 보여 주고 싶어 하신다. 천사들은 당신을 너무나도 거룩한 이곳으로 데려왔다. 이곳은 계시의 장소이며, 주님을 앙망하는 곳이다. 이곳에서 당신을 향한 그분의 특별한 부르심이 계시될 것이다.

Chapter 7

주님의 영광이 임했다

제사장이 성소에서 나올 때에 구름이 여호와의 성전에 가득하매
제사장이 그 구름으로 말미암아 능히 서서 섬기지 못하였으니
이는 여호와의 영광이 여호와의 성전에 가득함이었더라(왕상 8:10-11).

Chapter 7

마지막 때에는 주님의 영광이 대단히 강력할 것이다. 예수님은 하나님의 영광이 아버지에게서 시작되었다고 말씀하신다. 주님은 영원토록 이 영광에 동참하시게 되었다. 이 마지막 때에 하나님의 운행하심이 시작되면, 하나님의 영이 주님의 영광을 드러낼 것이다.

영원 전

세상의 기초가 놓이기 전, 예수 그리스도께서는 위대한 여호와 하나님 아버지와 영원 전부터 함께 계셨다. 하나님 아버지와 예수 그리스도께서는 강력한 성령님과 더불어 시작도, 끝도 없는 나라를 다스리고 통치하신다. 하나님 나라에는 시간이나 거리가 존재하지 않기 때문이다.

　이 땅의 사람들에게 익숙한 경계나 한계가 없는 세계에 거하면, 모든 제한이 완벽하게 제거된다. 이 땅에서 사람들은 어떤 스케줄이나 일정 등 정해진 기준을 따른다. 시계와 달력 그리고 이동 거리를 기준 삼아 약속이나 일을 수행한다.

　시계와 달력, 거리 이 세 가지는 모두 속도에 집중하여 제때 일을 수행할 수 있게 한다. 빠른 속도로 이동할 수 있다면, 더 많은 일들을 할 수 있을 것이다. 그러나 이런 것들이 바로 우리가 거하는 이 땅의 제약이며 한계들이다.

　삶 가운데 경험하는 한계나 제약에는 무엇이 있을까? 이 땅의 모든 사람이 보편적으로 직면하는 한계와 제약을 없애기 위해 우리는 영광 안에 거하시는 하나님을 의지해야 한다. 우리가 아버지의 영광을 바로보게 하려고 천사들이 파송되었다. 그리스도인들은 이 세상의 한계를 제거하여 영광 안에서 기능하는 법을 배울 수 있다. 예수님은 그분께 속한 자들이 하나님의 영광을 경험할 수 있도록 다음과 같이 기도하셨다.

> 예수님은 하늘을 우러러보시며 이렇게 기도하셨다. "아버지, 때가 이르렀습니다. 아들의 영광스러운 광채를 드러내셔서 제가 아버지를 영화롭게 하게 하소서! 아버지께서 이미 저에게 모든 사람에 대한 권세를 주셔서 아버지께서 제게 주신 모든 이들에게 영생을 선

물로 주게 하셨습니다. 영생은 아버지를 유일하신 참 하나님으로 알고 경험하는 것이며, 예수 그리스도를 아버지께서 보내신 아들로 알고 경험하는 것입니다. 저는 아버지께서 저에게 명령하신 모든 것을 신실하게 행함으로 이 땅에서 아버지를 영화롭게 했습니다. 그러므로 아버지, 우주가 창조되기 전에 우리가 대면하며 함께 나누던 그 영광으로 저를 회복시켜 주소서." (요 17:1-5, TPT)

본문은 예수님이 태초부터 아버지와 함께 영광 안에 계셨다는 사실을 분명하게 드러낸다. 예수님은 그분이 이루신 사역으로 주님의 영광이 드러났다고 선언하신다. 그분은 태초부터 아버지와 함께 누리시던 위치로 회복시켜 달라고 구하셨다. 또 모든 사람에 대한 권세가 그분께 주어져 영생을 선물로 줄 수 있게 되었다고 말씀하신다. 이 선물에는 하나님을 친밀하게 알고 경험하는 것도 포함된다. 이제 예수님은 원래 계시던 곳으로 돌아가셔서 아버지와 대면하여 계신다. 이 모든 것은 우주가 창조되기 전에 계획되었다.

사람의 사고가 제한을 받는 것은 거짓된 가르침과 잘못된 인식에 근거하고 있기 때문이다. 그리스도인들은 생각을 새롭게 하여 항상 존재해 온 영생을 인식해야 한다. 우리는 생각을 새롭게 함으로 이 영역에 들어갈 수 있고, 생각이 새로워지면 하나님의 일들을 이해할 수 있게 된다. 그리고 하나님의 마지막 운행하심에 적극적으로 참여할 준비가 된다. 주님의 이러한 마지막 운행하심에는 영광의 영역이 포함되어 있다.

영 안에서는 한계와 제약이 제거된다. 그러나 믿는 자들의 생각이 새롭게 되지 않으면, 아직 구속받지 않은 몸으로 인해 제약을 받게 된다. 그러므로 생각을 새롭게 하여 몸을 구속해야 한다. 그래야 한계와 제약을 제거하고 자유로이 하나님의 영광을 드러낼 그분의 새로운 일들에 참여할 수 있다.

순복하는 삶

예수님은 아버지께서 모든 사람을 그분의 권세 아래 두셨다고 말씀하신다. 그분은 아버지를 세상에 나타내시고 인류를 구속하는 일을 수행하시면서 다음과 같은 심오한 말씀을 하셨다. "저에게 속한 모두가 이제 아버지께 속했으니, 아버지께 속한 모든 이들도 저에게 속했고, 저의 영광은 그들의 순복된 삶을 통해 나타납니다"(요 17:10, TPT).

이와 같이 예수님은 자신에게 주어진 아버지의 영광이 믿는 자들 안에서 나타날 수 있다고 말씀하신다. 이 영광은 그리스도인들이 삶 가운데 온전히 주님께 순복할 때 나타난다. 그러므로 우리가 계속해서 하나님이 이 세대 가운데 우리에게 명하신 거룩한 목적에 순복한다면, 아버지의 영광이 그분의 자녀인 우리를 통해 나타나게 될 것이다.

그리스도인들은 예수님의 피로 구속받았다. 하나님의 목적과 계획은 예수님의 사역이 모든 믿는 자들을 통해 이 땅에서 수행되는 것이다. 예수님은 그리스도인들이 그분보다 더 위대한 일들을 행하기 바라셨다.

> 내가 진실로 진실로 너희에게 이르노니 나를 믿는 자는 내가 하는 일을 그도 할 것이요 또한 그보다 큰일도 하리니 이는 내가 아버지께로 감이라 너희가 내 이름으로 무엇을 구하든지 내가 행하리니 이는 아버지로 하여금 아들로 말미암아 영광을 받으시게 하려 함이라 내 이름으로 무엇이든지 내게 구하면 내가 행하리라 (요 14:12-14)

예수님이 이 땅에서 행하신 일들은 아버지께서 그 아들과 영광을 나누셨음을 증거한다. 예수님은 다음과 같이 말씀하셨다.

> 내가 진실로 진실로 너희에게 이르노니 아들이 아버지께서 하시는 일을 보지 않고는 아무것도 스스로 할 수 없나니 아버지께서 행하시는 그것을 아들도 그와 같이 행하느니라 아버지께서 아들을 사랑하사 자기가 행하시는 것을 다 아들에게 보이시고 또 그보다 더 큰일을 보이사 너희로 놀랍게 여기게 하시리라 아버지께서 죽은

자들을 일으켜 살리심같이 아들도 자기가 원하는 자들을 살리느 니라 (요 5:19-21)

더 위대한 일들

순복하는 삶을 사는 그리스도인들은 아버지의 영광을 경험할 수 있다. 그들은 스스로 준비되었는지 점검해 봐야 한다. 성령님과 천사들은 주님의 영광을 이 땅에 드러낼 준비가 되어 있다! 예수님은 사람들의 소유권을 아버지께 드리셨다. 그러므로 그리스도인들도 자신의 삶을 철저히 아버지께 드려야 한다.

우리가 온전히 헌신하면, 예수님이 행하신 것과 동일한 일들을 행할 권세와 능력을 얻게 된다. 예수님이 행하신 일들은 아버지를 영화롭게 했다. 그리고 이제 우리에게도 아버지를 영화롭게 하는 일들을 행할 기회가 주어졌다.

예수님은 믿는 자들이 그분이 행하신 것보다 더 큰일들을 행하게 될 것이라고 말씀하셨다. 그러므로 우리는 더 큰 영광을 경험할 준비가 되어 있어야 한다. 하나님 아버지께서는 바로 지금 그분의 권세와 능력으로 이 땅에 위대한 영광을 가져올 성령의 운행하심에 관여하고 싶어 하신다.

그리스도인들이 자신의 삶을 내어 드릴 때 아버지의 영광이 나타나고, 아버지께서는 그들을 통해 강력한 일들을 행하실 것이다. 하나님께서 인류가 보편적으로 경험하는 한계와 제약들을 제거해 버리셨다. 그러므로 그들이 행할 강력한 일들에는 제한이 없을 것이다.

> 믿는 자들에게는 이런 표적이 따르리니 곧 그들이 내 이름으로 귀신을 쫓아내며 새 방언을 말하며 뱀을 집어 올리며 무슨 독을 마실지라도 해를 받지 아니하며 병든 사람에게 손을 얹은즉 나으리라 하시더라 (막 16:17-18)

믿는 자들을 따르는 표적들은 아버지를 영화롭게 할 것이다. 믿는 자들은 영광에 순복해야 한다. 예수님은 아버지와 나누신 그 영광에 우리도 동참하기 원하신다. 아버지께서는 예수님을 사랑하시는 것처럼 우리도 사랑하신다. 우리는 바로 이 진리로 우리의 생각을 새롭게 해야 한다.

요한복음 17장에서 예수님은 그분을 믿는 모든 사람들을 위해 기도하셨다. 이 기도에는 우리가 알아야 할 몇 가지 중요한 원칙들이 포함되어 있다. 믿는 자들은 그리스도 안에서 자신이 누구이며, 자신을 위해 주님이 이루신 것이 무엇인지 알아야 한다. 이것을 깨닫게 될 때, 곧 주님의 대대적인 마지막 운행하심과 더불어 이 땅에 임할 영광의 영역을 누리게 될 것이다.

천사들과 동역하려면, 영광의 영역을 알아야 한다. 천사들은 아버지의 영광이 이 땅에 임하도록 돕는다. 이 위대한 운행하심으로 아버지의 사랑과 성품이 드러나게 될 것이다.

예수님이 당신을 위해 기도하신다

예수님의 모든 기도는 항상 응답되었다. 주님은 믿는 자들, 곧 그분의 소유된 자들을 위해 기도하신다. 그러므로 예수님이 우리를 위해 드리시는 기도에 아버지께서 응답하실 것을 확신할 수 있다. 예수님은 모든 그리스도인이 그분과 마찬가지로 하나님의 영광과 사랑을 경험할 수 있게 해 달라고 기도하신다.

그래서 저는 이 제자들뿐 아니라, 언젠가 그들의 메시지를 통해 저를 믿게 될 모든 이들을 위해서도 구합니다. 아버지, 저는 아버지와 제가 하나로 연합된 것같이 그들 모두가 하나로 연합되길 기도합니다. 그들이 우리와 하나 되어 아버지께서 저를 보내셨다는 것을 세상이 깨닫게 되기를 기도합니다. 이것은 아버지께서 저에게 주신 그 영광을 제가 그들에게 주어 그들이 하나로 연합하고, 우리가 누리는 동일한 하나 됨을 경험하게 하려는 것입니다. 아버지께서 제 안에 온전히 사시고, 이제 제가 그들 안에 온전히 삶으로 그들이 완벽히 하나 됨을 경험하고, 아버지께서 저를 보내셨다는 것을 세상이 확신하게 될 것이니, 아버지께서 저를 열정적으로 사랑하신 것처럼 그들 각자를 사랑하신다는 것을 깨달을 것입니다. 아버지, 저는 아버지께서 저에게 주신 모든 사람들이 제가 있는 곳에 저와 함께 있도록 허락해 주시길 구합니다! 그러면 그들이 저의 온전한 영광, 아버지께서 저에게 두신 바로 그 빛을 보게 될 것입니다. 왜냐하면 아버지께서 시간이 시작되기도 전에 저를 사랑하셨기 때문입니다. (요 17:20-24, TPT)

요한복음 17장에는 그리스도인이라면 누구나 알아야 할 몇 가지 중요한 내용이 있는데, 이것은 주님의 영광과 관련이 있다. 이 땅의 모든 그리스도인에게 강력한 임무가 맡겨졌다. 이 땅에서 우리에게 주어진 소명을 성취하려면, 주님의 영광을 이해해야 한다. 영광 안에서 천사들과 동역하는 것은 이 땅의 그리스도인들에게 맡겨진 사명 중 하나이다.

하나님의 일에 동참하기 위해 우리가 알아야 할 여섯 가지 중요한 사실이 있다. 그리스도인들은 오늘날 이 땅에서 하나님을 돕는 역할을 하게 된다. 요한복음 17장은 다음의 원칙들을 강조한다.

- 그들 모두가 하나로 연합되길 기도합니다.

- 아버지, 아버지와 제가 하나로 연합된 것같이

- 그들이 우리와 하나 되길 기도합니다.
  - 아버지께서 저를 보내셨다는 것을 세상이 깨닫도록

- 아버지께서 저에게 주신 그 영광을 제가 그들에게 주었습니다.
  - 그들이 하나로 연합되도록
  - 우리가 누리는 동일한 하나 됨을 경험하도록

- 아버지께서 제 안에 온전히 사시고, 이제 제가 그들 안에 온전히 삽니다.
  - 그들이 완벽히 하나 됨을 경험하도록

- 아버지께서 저를 보내셨다는 것을 세상이 확신하게 될 것입니다.
  - 아버지께서 저를 열정적으로 사랑하신 것처럼
  - 아버지께서 그들 각자를 사랑하신다는 것을 그들이 깨달을 것입니다.

- 아버지께서 저에게 주신 모든 사람이 제가 있는 곳에 저와 함께 있도록 허락해 주시길 구합니다!
  - 그러면 그들이 저의 온전한 영광, 아버지께서 저에게 두신 바로 그 빛을 보게 될 것입니다.
  - 아버지께서 시간이 시작되기도 전에 저를 사랑하셨기 때문입니다.

그들 모두가 하나로 연합되길 기도합니다

예수님은 우리가 하나로 연합되기를 간절히 기도하신다. 영광 안에는 연합과 일치가 있어야 한다. 믿는 자들은 가장 시의적절하고 놀라운 때를 살아가고 있다. 우리에게는 아버지의 영광 안에서 천사들과 동역할 기회가 주어졌다.

믿는 자들의 연합을 구하신 예수님의 기도는 응답될 것이다. 또한 그것은 예수님과 아버지의 연합만큼이나 위대할 것이다. 이 마지막 때에 믿는 자들이 하나 되어 일할 것이고, 그들의 연합을 구하신 예수님의 기도가 응답될 것이다. 그리스도인들이 연합하여 함께 움직이면, 하나님은 그들의 기도를 거절하실 수 없다. 따라서 우리는 구하는 것마다 다 받게 될 것이다. 우리는 주님의 마지막 운행하심 가운데 하나님 안에서 위대한 연합을 이루게 될 것이다.

그들이 우리와 하나 되길 기도합니다

우리는 아버지께서 진실로 예수 그리스도를 통해 그분의 소유된 자들을 되찾으셨다는 것을 안다. 아버지께서는 우리가 그분과 함께 있기를 원하신다. 그리고 그분이 이 땅에서 행하고 계시는 일에 동참하기를 바라신다.

그리스도인들은 더 위대한 일들을 일으킬 것이고, 세상은 그들이 하나님으로부터 보냄 받았다는 것을 알게 될 것이다. 세상이 예수님을 모든 이름 위에 뛰어난 이름으로 알게 될 것이고, 그 이름에 모든 무릎이 굴복하게 될 것이다. 사도 바울은 다음과 같이 말했다.

> 하늘에 있는 자들과 땅에 있는 자들과 땅 아래에 있는 자들로 모든 무릎을 예수의 이름에 꿇게 하시고 모든 입으로 예수 그리스도를 주라 시인하여 하나님 아버지께 영광을 돌리게 하셨느니라 (빌 2:10-11)

아버지께서 저에게 주신 그 영광을 제가 그들에게 주었습니다

이것은 예수님이 하신 가장 심오한 말씀 중 하나이다. 우리에게는 예수님과 동일한 영광이 주어졌다. 우리는 하나님의 영광에 참여하고 있는데, 이것은 예수님의 선물이다. 하나님의 영광은 천사들이 누리는 것과 동일한 영역에 있다.

그리스도인들과 하나님 그리고 천사들은 하나로 연합되었다. 믿는 자들은 예수님과 아버지께서 누리시는 것과 동일한 연합을 경험할 수 있다. 우리가 하나님 그리고 천사들과 아무 저항 없이 하나 되는 것은 참으로 놀라운 일이다. 온전한 연합에 이르면, 천사들이 훨씬 수월하게 사역하게 됨으로 크게 기뻐할 것이다. 믿음 안에서 그리고 주님을 경외함에 있어서 하나 됨이 있을 것이다. 하나님의 영광은 지극히 커질 것이고, 큰 기쁨이 넘칠 것이다!

아버지께서 제 안에 온전히 사시고, 이제 제가 그들 안에 온전히 삽니다

이것은 요한복음 15장과 비슷한 상황이다. 요한복음 15장에는 그리스도 안에 거하는 것과 포도나무에 붙어 있는 것, 두 가지 비슷한 개념이 등장한다. 포도나무에 붙어 있다는 것은 성장하고 발전하기까지의 과정을 말한다.

하나님의 보좌에서는 강력한 생수의 강이 흘러나온다. 이 생수의 강이 그리스도인들 안에서 솟아나와 그들은 이 마지막 때에 초자연적으로 행하게 될 것이다. 성령님이 하나님의 백성의 내면, 곧 뱃속에서 강같이 솟아오를 것이다. 영광의 영역에서 우리 가운데 흐르는 하나님의 온전한 연합을 경험하면, 초자연적인 일들이 점점 쉽게 일어나게 될 것이다.

아버지께서 저를 보내셨다는 것을 세상이 확신하게 될 것입니다

이것은 앞으로 일어날 놀라운 진리를 말한다. 한 사람이 아버지의 영광을 경험하게 되면, 하나 됨으로 인해 하나님의 사랑이 그 사람의 삶에 들어오게 될 것이다. 그리고 이런 사랑이 서로 간에 흘러넘칠 것이다. 우리가 실제로 사랑하려면, 먼저 사랑을 받고, 온전한 사랑을 경험해야 한다.

아버지의 사랑에 대한 새로운 계시가 이러한 하나님의 마지막 운행하심 가운데 일어날 것이다. 그리스도인들은 서로를 사랑하는 법을 배우고, 아버지께서 우리를 얼마나 사랑하시는지에 대한 계시를 받게 될 것이다. 서로를 향한 사랑은 열정적인 형제 사랑일 것이다.

그리스도인들은 우리가 예수 그리스도로 인해 하나님 아버지께서 거부하실 수 없는 존재가 되었고, 그분이 우리를 따라다니신다는 사실을 깨달아야 한다. 예수님이 아버지께서 보내신 분이며 우리를 사랑하신다는 것을 철저하게 확신할 때, 세상도 깨닫게 될 것이다. 많은 이들이 이 위대한 마지막 영광의 운행하심 가운데 주님을 알기 위해 나아오고, 천사들은 추수를 준비할 것이다. 그들은 천국 백성이 늘어나는 것에 크게 기뻐할 것이다.

아버지께서 저에게 주신 모든 사람이 제가 있는 곳에 저와 함께 있도록 허락해 주시길 구합니다!

예수님은 우리와 함께 거하게 해 달라고 아버지께 구하신다. 충만한 영광 가운데 계신 주님을 보면, 그분이 왜 이런 기도를 드리셨는지 이해하게 될 것이다. 아버지의 영광은 눈부시게 찬란하다.

눈에 보이는 눈부신 영광은 아버지의 사랑과 관련이 있고, 이러한 사랑의 빛이 예수님을 감싸고 있다. 믿는 자들도 그분과 같이 되어 이러한 영광의 빛을 경험하게 될 것이다. 그들은 하나님의 영광이 바로 지금 이곳에 있다는 것을 깨달으면서 힘을 얻을 것이다.

너희가 묻기를 "누가 영광의 왕이냐?" 하리니, 그는 전쟁의 무장과 준비를 마치신 승리의 여호와시라. 또 전능자시며 천군을 호령하는 천하무적의 사령관이시라! 과연 그가 영광의 왕이시로다! 주 임재 안에서 잠시 쉬라. (시 24:10, TPT)

눈부신 영광

나는 천국과 보좌의 방의 눈부신 영광을 경험했다. 그리고 영생으로 가득한 생수의 강도 보았는데, 마치 다이아몬드가 물이 되어 흐르는 것 같았다. 천국에는 태양이 없는데도 강물이 너무나 눈부시게 반짝여서 똑바로 쳐다볼 수 없을 정도였다. 그곳에는 금 외에도 여러 가지 귀금속과 보석들이 많아서 모든 것이 반짝인다. 천국의 모든 것은 참으로 순전한데, 그곳에 주님을 경외함이 있기 때문이다.

천국은 하나님의 집이다. 하나님께서는 믿는 자들을 초대하여 그분과 함께 살게 해 주셨다. "여호와여, 내가 주의 집을 사랑하오니 거기는 눈부신 영광과 주 임재의 광채와 빛이 넘치나이다!"(시 26:8, TPT)

진실함의 길

모든 그리스도인은 천국의 영광을 누릴 수 있다. 그러나 누구노 그것을 구할 필요가 없다. 하나님은 천국을 참으로 아름답게 창조하셨다. 천국에 가 본 사람이라면 누구나 이 땅으로 돌아오고 싶어 하지 않는다. 천국의 하늘에는 태양이 없는데, 천국의 영광 되시는 하나님이 찬란한 빛을 발하시기 때문이다.

이 길을 주님과 함께 걷기 원한다면, 그분을 온전히 따르기로 결단하라. 하나님과 자기 자신에게 진실하고, 사람들에게도 진실해야 한다. 그러면 하나님께서 우리가 진실하도록 은혜를 주실 것이다.

> 이는 주 하나님이 동트는 새벽빛보다 더 찬란하심이라! 마치 방패처럼 주께서 나를 두르시나니 그는 은혜와 영광의 선물을 한껏 베푸는 분이시라! (시 84:11, TPT)

신뢰

우리 하나님이 천사들의 군대의 수장이라는 사실을 묵상하는 것이 중요하다. 하나님은 이 땅의 믿는 자들을 향한 그분의 소망을 신실하게 실행에 옮기신다. 천사들은 우리를 도우며 그분을 섬기게 된다.

하나님의 자녀들은 걱정하거나 근심할 필요가 없다. 우리는 온전히 주님을 신뢰할 수 있다. "정직하게 주의 길을 따라 걷는 자들에게는 부족함이 조금도 없으리니 주께서 그 모든 것을 다 공급하심이라! 오 만군의 여호와여"(시 84:12 TPT).

무한한 영광

우리 아버지 하나님은 영원히 사시는 분이다. 그러므로 하나님께 영원한 통치권이 있다. 하나님께 나아갈 때, 우리는 영광 안에 계시는 아버지께 나아가야 한다.

하나님께서는 이 우주의 가장 높은 곳에서 다스리고 계신다. 그분의 통치는 결코 끝나지 않을 것이다. 우리는 그분 안에서 안전하다. "그러나 오 주여, 주는 영원히 높임을 받으사 지극히 높고 한없는 영광으로 가득한 곳에 계심이여"(시 92:8, TPT).

제단에 매이다

하나님은 예배가 공간을 신성하고 거룩하게 한다는 것을 아신다. 그분은 제단을 사랑하시고, 제물도 사랑하신다. 로마서 12장 1절의 말씀대로, 그리스도인은 지속적으로 자신을 산 제물로 하나님의 제단에 올려 드려야 한다. 영광이 교회 안으로 흘러 들어오면, 믿는 자들은 제단에서 긴 시간을 회개와 예배로 보내게 된다.

시편 기자는 이렇게 말했다. "주 우리 하나님께서 우리에게 그 영광스런 빛을 가져오셨음이라! 내가 주께 즐거운 제사로 내 생명을 드리니 주의 제단에 매여 내가 주께 찬송을 드리리이다. 주는 내 생명의 하나님이시니 내가 주를 높이며 주를 지극히 칭송하리이다"(시 118:27-28, TPT).

지금은 우리 모두가 온전히 자신을 하나님께 내어 드리고 영원보록 그분의 제단과 연합되어야 할 때이다. 이렇게 영광스러운 아버지의 계시의 때로 들어가면, 주님은 우리가 그분께 온전히 헌신하기를 기대하신다. 다가올 대대적인 마지막 운행하심 가운데 하나님은 그분의 소유된 자들에게 자신이 누구인지 보여 주실 것이다.

이전 영광

우리는 현재 진행되고 있는 하나님의 운행하심과 그분의 영광의 계시를 알고 있다. 그분의 천사들은 하나님의 마지막 운행하심 가운데 우리를 도울 준비가 되어 있다.

시편 기자의 말처럼, 그리스도인들은 이렇게 기도해야 한다. "주여, 이제도 또다시 이렇게 행하시옵소서! 우리의 이전 영광을 회복시켜 주소서! 상쾌하게 하는 주의 강물을 흘려 보내사 우리의 메마른 심령을 다시금 흠뻑 적시소서"(시 126:4, TPT).

참된 겸손

하나님 아버지의 영광의 영역에는 교만이 있을 수 없다. 그리스도인들은 우리의 강하고 능하신 하나님 앞에 겸손함으로 온전히 순복해야 한다. 우리가 철저하게 회개하는 즉시, 성령 안에서 하나 되고, 쉐키나의 영광이 드러나게 될 것이다.

계시적 지식의 근원은 네가 주 앞에 복종함으로 굽힐 때에 찾을 수 있도다. 주께서 너의 진정한 겸손을 보시기 전에는 네가 쉐키나 영광을 볼 것을 기대하지 말라! (잠 15:33, TPT)

베일이 벗겨지다

영광의 영역이 점점 더 확장되면서 천사들이 구원받지 못한 자들이 하나님의 말씀을 들으러 오는 것을 기뻐하며 모든 예배 가운데 나타날 것이다. 그리스도인들은 구원받지 못한 자들이 복음의 메시지를 듣기 위해 하나님의 모임에 나아온다는 사실을 깨달아야 한다. 천사들이 구원받고, 치유 받고, 자유케 되는 자들을 보면서 추수의 기쁨을 누리고 있다. 복음의 진리를 보지 못하던 자들과 하나님의 일들에 무지하던 자들의 눈이 열려 하나님의 기쁜 소식을 진리로 받아들이게 될 것이다.

믿는 자들은 우리가 그리스도와의 온전한 관계와 아버지의 사랑을 누릴 수 있다는 사실을 알아야 한다. 머지않아 우리는 하나님의 영광 안으로 옮겨질 것이다.

그러나 사람이 열린 마음으로 주님께 돌아서는 순간, 베일이 벗겨져서 보게 될 것입니다. 지금 내가 말하고 있는 "주님"은 성령이십니다. 그분이 주 되시는 곳마다 자유가 있습니다. 우리는 모두 얼굴에서 베일이 제거된 채 그분께 다가갈 수 있습니다. 그리하여 우리 모두가 베일 없이 주 예수님의 영광을 밝게 비추는 거울같이 될 것입니다. 우리는 영광의 밝은 단계에서 다음 단계로 이동해 가면서 그분의 형상으로 변화되어 갈 것입니다. 이 영광의 변화는 영이신 주님으로부터 오는 것입니다. (고후 3:16-18, TPT)

정해진 때

성령의 사역을 통해 천국의 영역이 이 땅을 만지고 있다. 성령께서 곳곳에서 믿는 자들을 통해 역사하고 계신다. 그리스도인들이 지속적으로 중보하고 기도하면, 하나님의 시간표가 계시되는 것을 보게 될 것이다.

이미 계절이 바뀌어 천사들이 이 마지막 운행하심을 위해 임무를 수행하고 있다. 이 위대한 주님의 마지막 운행하심에 참여하고자 무슨 일이 일어나고 있는지 다 알 필요는 없다. 우리는 능력의 영으로 충만해졌고, 이 영광의 때에 추수에 필요한 모든 도구를 받았다.

> 그분이 대답하셨다. "아버지께서는 그것들이 성취될 고정된 날짜와 시간대를 정하시는 분이다. 그분이 자신의 권한으로 준비하신 모든 것의 시기를 아는 것은 허락되지 않았다. 그러나 내가 이것은 약속한다. 성령이 너희에게 오시면 너희가 능력으로 충만해질 것이다. 그리고 너희는 예루살렘과 유대와 먼 지역들, 곧 땅의 가장 먼 곳까지 이르는 나의 전령이 될 것이다! (행 1:7-8, TPT)

Chapter 8

여호와의 말씀

하나님의 도는 완전하고 여호와의 말씀은 순수하니
그는 자기에게 피하는 모든 자의 방패시로다(시 18:30).

| Chapter 8

 모든 세대에 임하는 예언적 말씀이 있다. 우리는 이러한 예언의 말씀을 통해 하나님의 생각과 뜻을 엿볼 수 있다. 이 말씀은 관련된 모든 이들의 유익을 위해 계시된다. 종종 말씀에 귀 기울이지 않는 사람들도 있는데, 그들은 불순종으로 인한 결과를 맞게 될 것이다.

 전능하신 하나님은 의로우시며, 모든 면에서 공의로우시다. 그분은 모든 상황 가운데 공정하게 판단하신다. 감사하게도, 복음을 듣고 받아들인 우리는 그 말씀에 귀 기울임으로 저주와 영원한 죽음과 모든 악한 일들을 면하게 되었다.

 예언적 말씀이 선포되는 것은 하나님께서 기대하시는 결과를 얻기 위해 무언가 말씀하시는 것이다. "여호와의 말씀이니라 너희를 향한 나의 생각을 내가 아나니 평안이요 재앙이 아니니라 너희에게 미래와 희망을 주는 것이니라"(렘 29:11).

이 마지막 때에 하나님은 다양한 방법으로 우리에게 말씀하신다. 그분은 말씀으로 진리의 기초를 놓으셨다. 히브리서의 말씀처럼, 이 마지막 때에 그분은 아들을 통해 우리에게 말씀하신다.

하나님께서는 예전부터 [진리의 일부를 선언하는] 수많은 개별적인 계시들과 다양한 방법으로 선지자들을 통해 [우리] 조상들에게 말씀하셨습니다. [그러나] 이러한 때의 마지막에는 아들 안에서[아들의 형상으로] 우리에게 말씀하셨습니다. 하나님께서는 이 아들을 모든 만물의 상속자이자 합법적인 소유자로 정하셨습니다. 또 이 아들을 통해 세상과 공간과 시대를 창조하셨습니다[만드시고, 생산하시고, 세우시고, 사용하시고, 정돈하셨습니다]. 이 아들은 홀로 하나님의 영광의 표현[빛, 신성의 광채]이시고, [하나님의] 본성의 완벽한 본체이자 형상이시며, 그분의 강력한 능력의 말씀으로 우주를 지탱하고, 유지하며, 인도하고, 나아가게 하십니다. 그분은 자신을 제물로 바치심으로 우리를 죄에서 정결하게 하시고, 죄책감을 제거하는 일을 완수하셔서 위에 계신 거룩한 위엄의 우편에 앉으셨고[자리와 지위를 취하셨고], 유업으로 받으신 영광스러운 이름(직책)이 천사들과 다르고 더 뛰어남으로 그들보다 월등한 존재가 되셨습니다. (히 1:1-4, 확대역)

주님은 심오한 방법으로 이 세대에 말씀하기 원하신다. 하나님이 하시는 말씀은 절대적 진리이다. 항상 그분이 말씀하시는 의도와 목적이 우선이며, 이것은 미래를 바라보게 한다. 하나님은 정해진 때에 진리를 전해 주셔서 사람들이 신속하게 상황을 처리할 수 있게 해 주신다. 그분이 진리를 주시는 것은 심판이 일어나지 않게 하기 위함이다. 하나님은 이전 세대의 기도에 응답하신다. 이 세대는 그 기도의 혜택을 누리고 있는 것이다.

하나님은 이 세대를 향하여 첫사랑을 회복하라고 부르고 계신다. 한 세대가 첫사랑에서 벗어나면, 하나님은 말씀을 통해 그 사랑을 회복하라고 그들을 부르신다. 다음의 중요한 사실을 기억하라. 예언적인 말씀은 아직 그 필요성을 인식하지 못한 사람들에게 선포되는 경우도 있다.

첫사랑

예수님은 이 세대가 첫사랑을 회복하기 원하신다. 우리의 하늘 아버지께서는 개인의 삶뿐만 아니라 모든 교회의 환경 가운데서도 하나님의 영이 활동하기 바라신다. 그분은 자신의 백성과 깊이 교제하기를 열망하신다.

수년 전 어느 날 저녁, 아리조나 주 피닉스의 사무실에서 주님은 나에게 이렇게 물으셨다. "왜 내가 계시록에서 사도 요한으로 하여금 아시아에 있는 일곱 교회에게 편지를 쓰게 했는지 아느냐?" 내가 모르겠다고 대답하자, 주님은 이렇게 말씀하셨다. "그것은 그 일곱 교회들이 내 말에 귀 기울이지 않았기 때문이다. 그래서 나는 요한을 통해 그들에게 다가가야 했다." 나는 예상치 못한 말씀에 크게 놀랐다. 예수님이 이 말씀을 하시기 전까지, 나는 모든 교계 지도자들이 주님의 음성을 듣고 있을 것이라 착각했다.

그 일을 계기로 나는 여러 시대에 걸쳐 다양한 하나님의 운행하심과 관련되었던 이들을 포함하여, 서로 다른 세대의 하나님의 사람들에 대해 연구하기 시작했다. 그런데 대부분의 주류 공동체에서 그들을 받아들이지 않았다는 사실을 알게 되었다. 초자연적인 삶의 방식에 참여한 사람들은 그들의 세대에서 조롱당하거나 주류 사회에서 배척당한 경우가 많았다. 다음 세대에 가서야 믿음의 사람들로 인정받았을 뿐이다.

예수님도 당대 기성 종교계의 미움을 받으셨고, 결국 그들에게 죽임당하셨다. 그리고 지금은 천국의 가장 높은 곳으로 올려지셔서 모든 이름 위에 뛰어난 이름을 받으셨다. 그리고 거의 모든 사도들이 초자연적인 삶을 살다가 자기 세대 사람들에게 죽임을 당하고, 다음 세대에 겨우 믿음의 거장으로 칭송받았을 뿐이다.

주님의 말씀을 선포하는 선지자들도 크게 다르지 않다. 그들은 무시와 조롱을 당했고, 주님의 말씀을 선포한 것 때문에 죽임을 당한 이들도 있었다. 그들은 고난 받고, 다음 세대에 겨우 인정을 받았다. 이와 관련하여 예수님은 다음과 같이 말씀하셨다.

큰 슬픔이 사기꾼이며 협잡꾼인 종교적인 서기관들과 바리새인들을 기다리고 있다! 너희는 너희 조상들이 죽인 선지자들을 위해 무덤을 만들고, 너희 조상들이 살해한 경건한 사람들의 기념비를 장식한다. 그러면서 자랑하기를, "우리가 그때에 살았다면, 결코 조상들이 선지자들을 죽이도록 허락하지 않았을 것이다"라고 한다. 그러나 너희 말과 행동은 너희가 그들과 똑같다는 것을, 선지자들을 살해한 자들의 후손이 분명하다는 것을 증거해 준다. 가서 너희 선조들이 시작한 일을 끝마쳐라! 너희들은 풀밭의 뱀들, 독이 가득한 독사의 후손에 불과하다! 너희가 돌이켜 회개하기를 거절하는데, 어떻게 지옥의 심판을 피하겠느냐? 이런 이유로 내가 너희에게 더 많은 선지자들과 현자들과 진리의 선생들을 보낼 것이다. 일부는 너희가 십자가에 못 박을 것이고, 일부는 이 도시에서 저 도시로 다니며 학대하고 핍박할 것이며, 너희가 모이는 곳에서 무자비하게 채찍질할 것이다. 그 벌로, 너희는 의로운 아벨의 피로부터 너희가 성전의 놋 제단과 성소 사이에서 죽인 여호야다의 아들 스가랴의 피에 이르기까지 역사 전반에 걸쳐 흘려진 의로운 피, 모든 경건한 사람들을 살해한 것에 대해 책임지게 될 것이다. 나는 너희에게 진리를 말한다. 이런 모든 것에 대한 심판이 이 세대에 내릴 것이다! (마 23:29-30, TPT)

내가 이 땅으로 돌려보내질 것을 알았을 때, 이 세대에게 무엇을 말해야 하는지 예수님께 여쭈었다. 나는 천국에서 그분과 함께 있다가 이 세대에 관한 이해를 가지고 이 땅으로 돌아왔다. 그들은 자신들이 첫사랑에서 벗어났다는 사실을 알지 못하고 있었다. 나는 이 세대에게 이것을 어떻게 전해야 할지 몰랐다. 그들이 첫사랑을 버렸다는 사실을 설명하기가 어려웠다. 뿐만 아니라 그 사실조차 인식하지 못하고 있다는 것이 상황을 더욱 어렵게 만들었다. 사람들에게 말을 통해 자기 상태를 돌아보고 회복하게 만드는 것은 대단히 어려운 일이었다.

쉽게 말해 주님의 말씀은 그분의 백성을 향한 분명하고 강력한 부르심이다. 오늘날 많은 그리스도인들이 '아버지가 없는 세대'가 되었다. 그들에게는 하늘 아버지와의 관계가 필요하다. 그들은 자신을 너무도 사랑하시는 하나님과의 친밀한 관계 안에서 살아가지 못하고 있다. 자신을 진정으로 사랑하는 육신의 아버지에 대한 경험이 없는 사람은 보이지 않는 하늘 아버지의 사랑을 받아들이기가 쉽지 않다.

그러나 우리 주님은 모든 사람에 대해 생각하셨다. 우리의 삶이 시작되기도 전에 그분은 각자의 삶에 생명을 불어넣으시고, 어머니의 태에 우리를 두신 다음, 우리에 대한 책을 기록하셨다(시 139편).

계시록의 일곱 교회 중 한 곳에 대한 말씀이 요한에게 임했다. 그 교회는 하나님의 일들에 대한 열의가 없었다. 예수님은 요한에게 편지를 쓰게 하셔서 이 교회에 말씀하셨다. 이 교회는 자신이 열의가 없이 미지근하다는 사실을 알지 못했다. 그들은 자신들에게 무엇이 필요한지도 모르고 있었다. 그들은 인식하지 못했지만, 주님의 말씀이 임하여 그들에게 필요한 것을 알려 주었다. 라오디게아 사람들은 하나님의 도우심이 절실함에도 불구하고 구하지 않고 있었다.

라오디게아 교회의 사자에게 편지하라 아멘이시요 충성되고 참된 증인이시요 하나님의 창조의 근본이신 이가 이르시되 내가 네 행위를 아노니 네가 차지도 아니하고 뜨겁지도 아니하도다 네가 차든지 뜨겁든지 하기를 원하노라 네가 이같이 미지근하여 뜨겁지도 아니하고 차지도 아니하니 내 입에서 너를 토하여 버리리라 네가 말하기를 나는 부자라 부요하여 부족한 것이 없다 하나 네 곤고한 것과 가련한 것과 가난한 것과 눈먼 것과 벌거벗은 것을 알지 못하는도다 내가 너를 권하노니 내게서 불로 연단한 금을 사서 부요하게 하고 흰옷을 사서 입어 벌거벗은 수치를 보이지 않게 하고 안약을 사서 눈에 발라 보게 하라 무릇 내가 사랑하는 자를 책망하여 징계하노니 그러므로 네가 열심을 내라 회개하라 볼지어다 내가 문 밖에 서서 두드리노니 누구든지 내 음성을 듣고 문을 열면 내가 그에게로 들어가 그와 더불어 먹고 그는 나와 더불어 먹으리라 이기는 그에게는 내가 내 보좌에 함께 앉게 하여 주기를 내가 이기고 아버지 보좌에 함께 앉은 것과 같이 하리라 귀 있는 자는 성령이 교회들에게 하시는 말씀을 들을지어다 (계 3:14-22)

다음 운행하심으로 나아가는 길

하나님의 영의 강력한 운행하심으로 나아가기 위해 하나님께서 모든 세대 가운데 택하신 길이 있다. 사도행전에서 교회와 관련된 일들이 어떻게 시작되었는지 살펴보면, 하나님의 길들을 더 잘 깨닫고 이해하게 될 것이다.

오순절 날 믿는 자들은 높은 곳에서 임하는 능력을 받기 위해 예루살렘에서 기다려야 했다. 그들은 연합되어 함께 있었는데, 이것 자체가 초자연적인 일이었다. 하나님의 위대한 운행하심을 시작하고 지속시키는 비결은 바로 연합이다. 그들은 한마음으로 모였다.

이러한 연합에 따르는 두 번째 초자연적인 표적은 급하고 강한 바람 소리였다. 세 번째 초자연적 표적은 모든 믿는 자들 머리 위에 임한 성령의 불이었다. 네 번째 초자연적 표적은 믿는 자마다 다른 언어들로 말하는 것이었다. 이 언어들은 그들이 이전에 사용하거나 가르침 받은 적이 없는 것이었다. 마지막 다섯 번째 초자연적 표적은 각 사람이 성령으로 충만하여 술에 취한 것처럼 보였다는 것이다.

오순절 날이 이미 이르매 그들이 다 같이 한곳에 모였더니 홀연히 하늘로부터 급하고 강한 바람 같은 소리가 있어 그들이 앉은 온 집에 가득하며 마치 불의 혀처럼 갈라지는 것들이 그들에게 보여 각 사람 위에 하나씩 임하여 있더니 그들이 다 성령의 충만함을 받고 성령이 말하게 하심을 따라 다른 언어들로 말하기를 시작하니라 … 또 어떤 이들은 조롱하여 이르되 그들이 새 술에 취하였다 하더라 (행 2:1-4, 13)

그리스도의 몸 된 교회는 바로 이 오순절 날 시작되었다. 당시 그들이 경험한 초자연적 현상들은 다음과 같다.

- 연합
- 급하고 강한 바람
- 성령의 불
- 초자연적인 언어/방언
- 성령의 기쁨/성령에 취함

그렇다면 지난 2천 년 동안 무슨 일이 있었기에 우리가 이렇게 고상해진 것일까? 우리는 교회가 처음 시작되었을 때와 동일한 초자연적 현상들을 경험하고 있는가?

기름부음 받으신 분 안에서 여러분의 새 삶이 여러분을 새롭게 낳아 주신 성령님과 함께 시작되었습니다. 그런데 왜 여러분은 어리석게도 성령 안에서 살아가는 것을 버리고 여러분 자신의 행위로 마치려 합니까? (갈 3:3, TPT)

하나님의 다음 운행하심의 요소들

주님을 경외함

주님을 경외함에 대해 이해하려면, 먼저 그분이 탁월함과 영광 가운데 계신 놀라운 분이라는 사실을 깨달아야 한다. 그분은 헤아릴 수 없이 거룩하신 분으로, 우리에게도 거룩하라고 명하셨다. 베드로전서 1장 16절은 이렇게 말한다. "내가 거룩하니 너희도 거룩하라."

우리는 주님을 경외하는 것에서 시작해야 한다. 잠언 9장 10절에서 "여호와를 경외하는 것이 지혜의 근본이요 거룩하신 자를 아는 것이 명철이니라"라고 말씀하기 때문이다.

회개

하나님을 외면하며 주님께 초점을 맞추지 않는 사람은 점차 영적인 삶에 무관심해지게 된다. 결국, 그 사람은 영적으로 미지근해진다.

회개는 아무런 죄 의식 없이 하나님과 마주보면서 그분께 관심을 돌리는 것이다. 온전히 하나님께 초점이 맞춰져 있지 않은 사람은 그것을 바로잡아야 한다. 내면에 있는 모든 것이 그분을 향해 돌아서게 하고, 온전히 그분만을 구해야 한다.

영적 갈급함

다윗은 내면의 모든 것으로 하나님을 추구했다. 여호수아는 기회가 있을 때마다 하나님을 찾았다. 회막 안에 있는 동안 오로지 그분만 구했다. 예수님은 밤에 산에서 기도하시기 위해 스스로를 구별하셨다. 의에 주리고 목마른 자는 채움 받게 될 것이다(마 5:6).

지금은 하나님을 온전히 추구해야 할 때이다. 주님은 부지런히 그분을 구하는 자들에게 상 주시는 분이다(히 11:6).

거룩한 제단의 회복

지금은 우리 자신을 하나님의 제단에 온전히 바쳐야 할 때이다. 모두가 그분을 구해야 한다. 제단에 나아가 자신을 주님께 드리는 것은 거룩한 예배 행위이다. 우리는 우리 몸을 산 제물로 드려야 한다.

사랑하는 친구들이여, 하나님의 놀라운 자비하심에 대한 우리의 가장 올바른 반응이 무엇이어야 하겠습니까? 내가 권하는 바는, 여러분이 여러분 자신을 하나님께 거룩한 산 제물로 드리라는 것입니다. 그리고 그분의 마음을 기쁘시게 하는 모든 것을 행하면서 거룩한 삶을 사십시오. 이것이 바로 여러분이 드릴 수 있는 참된 예배의 표현입니다. (롬 12:1, TPT)

깨어짐/겸손

하나님의 모든 운행하심은 그리스도인이 깨어짐과 겸손을 경험할 때 나타났다. 하나님은 마음이 겸손하고 통회하는 자들과 함께 하신다. 야고보서 4장 6절은 "그러나 더욱 큰 은혜를 주시나니 그러므로 일렀으되 하나님이 교만한 자를 물리치시고 겸손한 자에게 은혜를 주신다 하였느니라"라고 말씀한다. 그러므로 우리는 모든 교만을 제거해야 한다.

십자가에 못 박힌 삶

사도 바울은 십자가에 못 박힌 삶을 이해하고 있었다. 그래서 "내가 그리스도와 함께 십자가에 못 박혔나니 그런즉 이제는 내가 사는 것이 아니요 오직 내 안에 그리스도께서 사시는 것이라 이제 내가 육체 가운데 사는 것은 나를 사랑하사 나를 위하여 자기 자신을 버리신 하나님의 아들을 믿는 믿음 안에서 사는 것이라"(갈 2:20)라고 가르친 것이다.

예수님께서도 제자들에게 그분의 제자가 되려면 자기를 부인하고 자기 십자가를 져야 한다고 말씀하셨다(눅 9:23). 그리고 사도 바울은 우리에게 육신의 일을 도모하지 말라고 말했다(롬 13:14).

깊은 영적 예배

그리스도인들이 천국의 영역에서 임하는 깊은 영적 예배에 집중하는 법을 배우게 되면, 영광스런 천국의 구름 속으로 들어가게 될 것이다. 믿는 자들이 하늘과 땅에서 한 목소리로 연합하면서, 한 가족이 되어 경배하며 "보좌에 앉으신 분"께 모든 영광을 돌리게 될 것이다. 그분께 모든 영광을 돌림으로 하나님이 누구시고, 그분이 무슨 일을 행하셨는지 보여 주게 될 것이다. 우리가 왕 중의 왕이신 분을 예배하면, 천사들이 우리와 함께할 것이다.

시편 119편 묵상

시편 119편은 하나님의 말씀을 자신의 고문이자 인도자로 삼은 사람에게 주어지는 기쁨과 행복을 노래하고 있다. 전체가 모두 22개 부분으로 이루어져 있는데, 첫 부분이 각각의 히브리어 알파벳으로 시작하는 답관체 형식으로 되어 있다.

알레프(א)

행위가 온전하여 여호와의 율법을 따라 행하는 자들은 복이 있음

이여 여호와의 증거들을 지키고 전심으로 여호와를 구하는 자는
복이 있도다 참으로 그들은 불의를 행하지 아니하고 주의 도를 행
하는도다 주께서 명령하사 주의 법도를 잘 지키게 하셨나이다 내
길을 굳게 정하사 주의 율례를 지키게 하소서 내가 주의 모든 계명
에 주의할 때에는 부끄럽지 아니하리이다 내가 주의 의로운 판단
을 배울 때에는 정직한 마음으로 주께 감사하리이다 내가 주의 율
례들을 지키오리니 나를 아주 버리지 마옵소서

베트(ㄱ)

청년이 무엇으로 그의 행실을 깨끗하게 하리이까 주의 말씀만 지
킬 따름이니이다 내가 전심으로 주를 찾았사오니 주의 계명에서
떠나지 말게 하소서 내가 주께 범죄하지 아니하려 하여 주의 말씀
을 내 마음에 두었나이다 찬송을 받으실 주 여호와여 주의 율례들
을 내게 가르치소서 주의 입의 모든 규례들을 나의 입술로 선포하
였으며 내가 모든 재물을 즐거워함같이 주의 증거들의 도를 즐거워
하였나이다 내가 주의 법도들을 작은 소리로 읊조리며 주의 길들
에 주의하며 주의 율례들을 즐거워하며 주의 말씀을 잊지 아니하
리이다

기멜(ㄱ)

주의 종을 후대하여 살게 하소서 그리하시면 주의 말씀을 지키리

이다 내 눈을 열어서 주의 율법에서 놀라운 것을 보게 하소서 나는 땅에서 나그네가 되었사오니 주의 계명들을 내게 숨기지 마소서 주의 규례들을 항상 사모함으로 내 마음이 상하나이다 교만하여 저주를 받으며 주의 계명들에서 떠나는 자들을 주께서 꾸짖으셨나이다 내가 주의 교훈들을 지켰사오니 비방과 멸시를 내게서 떠나게 하소서 고관들도 앉아서 나를 비방하였사오나 주의 종은 주의 율례들을 작은 소리로 읊조렸나이다 주의 증거들은 나의 즐거움이요 나의 충고자니이다

달레트(ㄱ)

내 영혼이 진토에 붙었사오니 주의 말씀대로 나를 살아나게 하소서 내가 나의 행위를 아뢰매 주께서 내게 응답하셨사오니 주의 율례들을 내게 가르치소서 나에게 주의 법도들의 길을 깨닫게 하여 주소서 그리하시면 내가 주의 기이한 일들을 작은 소리로 읊조리리이다 나의 영혼이 눌림으로 말미암아 녹사오니 주의 말씀대로 나를 세우소서 거짓 행위를 내게서 떠나게 하시고 주의 법을 내게 은혜로이 베푸소서 내가 성실한 길을 택하고 주의 규례들을 내 앞에 두었나이다 내가 주의 증거들에 매달렸사오니 여호와여 내가 수치를 당하지 말게 하소서 주께서 내 마음을 넓히시면 내가 주의 계명들의 길로 달려가리이다

헤(ㄱ)

여호와여 주의 율례들의 도를 내게 가르치소서 내가 끝까지 지키리이다 나로 하여금 깨닫게 하여 주소서 내가 주의 법을 준행하며 전심으로 지키리이다 나로 하여금 주의 계명들의 길로 행하게 하소서 내가 이를 즐거워함이니이다 내 마음을 주의 증거들에게 향하게 하시고 탐욕으로 향하지 말게 하소서 내 눈을 돌이켜 허탄한 것을 보지 말게 하시고 주의 길에서 나를 살아나게 하소서 주를 경외하게 하는 주의 말씀을 주의 종에게 세우소서 내가 두려워하는 비방을 내게서 떠나게 하소서 주의 규례들은 선하심이니이다 내가 주의 법도들을 사모하였사오니 주의 의로 나를 살아나게 하소서

바브(ㅣ)

여호와여 주의 말씀대로 주의 인자하심과 주의 구원을 내게 임하게 하소서 그리하시면 내가 나를 비방하는 자들에게 대답할 말이 있사오리니 내가 주의 말씀을 의지함이니이다 진리의 말씀이 내 입에서 조금도 떠나지 말게 하소서 내가 주의 규례를 바랐음이니이다 내가 주의 율법을 항상 지키리이다 영원히 지키리이다 내가 주의 법도들을 구하였사오니 자유롭게 걸어갈 것이오며 또 왕들 앞에서 주의 교훈들을 말할 때에 수치를 당하지 아니하겠사오며 내가 사랑하는 주의 계명들을 스스로 즐거워하며 또 내가 사랑하

는 주의 계명들을 향하여 내 손을 들고 주의 율례들을 작은 소리로 읊조리리이다

자인(ㅜ)

주의 종에게 하신 말씀을 기억하소서 주께서 내게 소망을 가지게 하셨나이다 이 말씀은 나의 고난 중의 위로라 주의 말씀이 나를 살리셨기 때문이니이다 교만한 자들이 나를 심히 조롱하였어도 나는 주의 법을 떠나지 아니하였나이다 여호와여 주의 옛 규례들을 내가 기억하고 스스로 위로하였나이다 주의 율법을 버린 악인들로 말미암아 내가 맹렬한 분노에 사로잡혔나이다 내가 나그네 된 집에서 주의 율례들이 나의 노래가 되었나이다 여호와여 내가 밤에 주의 이름을 기억하고 주의 법을 지켰나이다 내 소유는 이것이니 곧 주의 법도들을 지킨 것이니이다

헤트(ㄲ)

여호와는 나의 분깃이시니 나는 주의 말씀을 지키리라 하였나이다 내가 전심으로 주께 간구하였사오니 주의 말씀대로 내게 은혜를 베푸소서 내가 내 행위를 생각하고 주의 증거들을 향하여 내 발길을 돌이켰사오며 주의 계명들을 지키기에 신속히 하고 지체하지 아니하였나이다 악인들의 줄이 내게 두루 얽혔을지라도 나는 주의 법을 잊지 아니하였나이다 내가 주의 의로운 규례들로 말미암아

밤중에 일어나 주께 감사하리이다 나는 주를 경외하는 모든 자들과 주의 법도들을 지키는 자들의 친구라 여호와여 주의 인자하심이 땅에 충만하였사오니 주의 율례들로 나를 가르치소서

테트(ט)

여호와여 주의 말씀대로 주의 종을 선대하셨나이다 내가 주의 계명들을 믿었사오니 좋은 명철과 지식을 내게 가르치소서 고난 당하기 전에는 내가 그릇 행하였더니 이제는 주의 말씀을 지키나이다 주는 선하사 선을 행하시오니 주의 율례들로 나를 가르치소서 교만한 자들이 거짓을 지어 나를 치려 하였사오나 나는 전심으로 주의 법도들을 지키리이다 그들의 마음은 살져서 기름덩이 같으나 나는 주의 법을 즐거워하나이다 고난 당한 것이 내게 유익이라 이로 말미암아 내가 주의 율례들을 배우게 되었나이다 주의 입의 법이 내게는 천천 금은보다 좋으니이다

요드(י)

주의 손이 나를 만들고 세우셨사오니 내가 깨달아 주의 계명들을 배우게 하소서 주를 경외하는 자들이 나를 보고 기뻐하는 것은 내가 주의 말씀을 바라는 까닭이니이다 여호와여 내가 알거니와 주의 심판은 의로우시고 주께서 나를 괴롭게 하심은 성실하심 때문이니이다 구하오니 주의 종에게 하신 말씀대로 주의 인자하심이

나의 위안이 되게 하시며 주의 긍휼히 여기심이 내게 임하사 내가 살게 하소서 주의 법은 나의 즐거움이니이다 교만한 자들이 거짓으로 나를 엎드러뜨렸으니 그들이 수치를 당하게 하소서 나는 주의 법도들을 작은 소리로 읊조리리이다 주를 경외하는 자들이 내게 돌아오게 하소서 그리하시면 그들이 주의 증거들을 알리이다 내 마음으로 주의 율례들에 완전하게 하사 내가 수치를 당하지 아니하게 하소서

카프(ㅋ)

나의 영혼이 주의 구원을 사모하기에 피곤하오나 나는 주의 말씀을 바라나이다 나의 말이 주께서 언제나 나를 안위하실까 하면서 내 눈이 주의 말씀을 바라기에 피곤하니이다 내가 연기 속의 가죽 부대같이 되었으나 주의 율례들을 잊지 아니하나이다 주의 종의 날이 얼마나 되나이까 나를 핍박하는 자들을 주께서 언제나 심판하시리이까 주의 법을 따르지 아니하는 교만한 자들이 나를 해하려고 웅덩이를 팠나이다 주의 모든 계명들은 신실하니이다 그들이 이유 없이 나를 핍박하오니 나를 도우소서 그들이 나를 세상에서 거의 멸하였으나 나는 주의 법도들을 버리지 아니하였사오니 주의 인자하심을 따라 나를 살아나게 하소서 그리하시면 주의 입의 교훈들을 내가 지키리이다

라메드(ל)

여호와여 주의 말씀은 영원히 하늘에 굳게 섰사오며 주의 성실하심은 대대에 이르나이다 주께서 땅을 세우셨으므로 땅이 항상 있사오니 천지가 주의 규례들대로 오늘까지 있음은 만물이 주의 종이 된 까닭이니이다 주의 법이 나의 즐거움이 되지 아니하였더면 내가 내 고난 중에 멸망하였으리이다 내가 주의 법도들을 영원히 잊지 아니하오니 주께서 이것들 때문에 나를 살게 하심이니이다 나는 주의 것이오니 나를 구원하소서 내가 주의 법도들만을 찾았나이다 악인들이 나를 멸하려고 엿보오나 나는 주의 증거들만을 생각하겠나이다 내가 보니 모든 완전한 것이 다 끝이 있어도 주의 계명들은 심히 넓으니이다

멤(מ)

내가 주의 법을 어찌 그리 사랑하는지요 내가 그것을 종일 작은 소리로 읊조리나이다 주의 계명들이 항상 나와 함께 하므로 그것들이 나를 원수보다 지혜롭게 하나이다 내가 주의 증거들을 늘 읊조리므로 나의 명철함이 나의 모든 스승보다 나으며 주의 법도들을 지키므로 나의 명철함이 노인보다 나으니이다 내가 주의 말씀을 지키려고 발을 금하여 모든 악한 길로 가지 아니하였사오며 주께서 나를 가르치셨으므로 내가 주의 규례들에서 떠나지 아니하였나이

다 주의 말씀의 맛이 내게 어찌 그리 단지요 내 입에 꿀보다 더 다니이다 주의 법도들로 말미암아 내가 명철하게 되었으므로 모든 거짓 행위를 미워하나이다

눈(ㄱ)

주의 말씀은 내 발에 등이요 내 길에 빛이니이다 주의 의로운 규례들을 지키기로 맹세하고 굳게 정하였나이다 나의 고난이 매우 심하오니 여호와여 주의 말씀대로 나를 살아나게 하소서 여호와여 구하오니 내 입이 드리는 자원제물을 받으시고 주의 공의를 내게 가르치소서 나의 생명이 항상 위기에 있사오나 나는 주의 법을 잊지 아니하나이다 악인들이 나를 해하려고 올무를 놓았사오나 나는 주의 법도들에서 떠나지 아니하였나이다 주의 증거들로 내가 영원히 나의 기업을 삼았사오니 이는 내 마음의 즐거움이 됨이니이다 내가 주의 율례들을 영원히 행하려고 내 마음을 기울였나이다

싸메크(ㅁ)

내가 두 마음 품는 자들을 미워하고 주의 법을 사랑하나이다 주는 나의 은신처요 방패시라 내가 주의 말씀을 바라나이다 너희 행악자들이여 나를 떠날지어다 나는 내 하나님의 계명들을 지키리로다 주의 말씀대로 나를 붙들어 살게 하시고 내 소망이 부끄럽지 않게 하소서 나를 붙드소서 그리하시면 내가 구원을 얻고 주의 율

례들에 항상 주의하리이다 주의 율례들에서 떠나는 자는 주께서 다 멸시하셨으니 그들의 속임수는 허무함이니이다 주께서 세상의 모든 악인들을 찌꺼기 같이 버리시니 그러므로 내가 주의 증거들을 사랑하나이다 내 육체가 주를 두려워함으로 떨며 내가 또 주의 심판을 두려워하나이다

아인(ע)

내가 정의와 공의를 행하였사오니 나를 박해하는 자들에게 나를 넘기지 마옵소서 주의 종을 보증하사 복을 얻게 하시고 교만한 자들이 나를 박해하지 못하게 하소서 내 눈이 주의 구원과 주의 의로운 말씀을 사모하기에 피곤하니이다 주의 인자하심대로 주의 종에게 행하사 내게 주의 율례들을 가르치소서 나는 주의 종이오니 나를 깨닫게 하사 주의 증거들을 알게 하소서 그들이 주의 법을 폐하였사오니 지금은 여호와께서 일하실 때니이다 그러므로 내가 주의 계명들을 금 곧 순금보다 더 사랑하나이다 그러므로 내가 범사에 모든 주의 법도들을 바르게 여기고 모든 거짓 행위를 미워하나이다

페(פ)

주의 증거들은 놀라우므로 내 영혼이 이를 지키나이다 주의 말씀을 열면 빛이 비치어 우둔한 사람들을 깨닫게 하나이다 내가 주

의 계명들을 사모하므로 내가 입을 열고 헐떡였나이다 주의 이름
을 사랑하는 자들에게 베푸시던 대로 내게 돌이키사 내게 은혜를
베푸소서 나의 발걸음을 주의 말씀에 굳게 세우시고 어떤 죄악도
나를 주관하지 못하게 하소서 사람의 박해에서 나를 구원하소서
그리하시면 내가 주의 법도들을 지키리이다 주의 얼굴을 주의 종
에게 비추시고 주의 율례로 나를 가르치소서 그들이 주의 법을 지
키지 아니하므로 내 눈물이 시냇물같이 흐르나이다

짜데(צ)

여호와여 주는 의로우시고 주의 판단은 옳으니이다 주께서 명령하
신 증거들은 의롭고 지극히 성실하니이다 내 대적들이 주의 말씀
을 잊어버렸으므로 내 열정이 나를 삼켰나이다 주의 말씀이 심히
순수하므로 주의 종이 이를 사랑하나이다 내가 미천하여 멸시를
당하나 주의 법도를 잊지 아니하였나이다 주의 의는 영원한 의요
주의 율법은 진리로소이다 환난과 우환이 내게 미쳤으나 주의 계
명은 나의 즐거움이니이다 주의 증거들은 영원히 의로우시니 나로
하여금 깨닫게 하사 살게 하소서

코프(ק)

여호와여 내가 전심으로 부르짖었사오니 내게 응답하소서 내가 주

의 교훈들을 지키리이다 내가 주께 부르짖었사오니 나를 구원하소서 내가 주의 증거들을 지키리이다 내가 날이 밝기 전에 부르짖으며 주의 말씀을 바랐사오며 주의 말씀을 조용히 읊조리려고 내가 새벽녘에 눈을 떴나이다 주의 인자하심을 따라 내 소리를 들으소서 여호와여 주의 규례들을 따라 나를 살리소서 악을 따르는 자들이 가까이 왔사오니 그들은 주의 법에서 머니이다 여호와여 주께서 가까이 계시오니 주의 모든 계명들은 진리니이다 내가 전부터 주의 증거들을 알고 있었으므로 주께서 영원히 세우신 것인 줄을 알았나이다

레쉬(ㄱ)

나의 고난을 보시고 나를 건지소서 내가 주의 율법을 잊지 아니함이니이다 주께서 나를 변호하시고 나를 구하사 주의 말씀대로 나를 살리소서 구원이 악인들에게서 멀어짐은 그들이 주의 율례들을 구하지 아니함이니이다 여호와여 주의 긍휼이 많으오니 주의 규례들에 따라 나를 살리소서 나를 핍박하는 자들과 나의 대적들이 많으나 나는 주의 증거들에서 떠나지 아니하였나이다 주의 말씀을 지키지 아니하는 거짓된 자들을 내가 보고 슬퍼하였나이다 내가 주의 법도들을 사랑함을 보옵소서 여호와여 주의 인자하심을 따라 나를 살리소서 주의 말씀의 강령은 진리이오니 주의 의로

운 모든 규례들은 영원하리이다

쉰(ש)

고관들이 거짓으로 나를 핍박하오나 나의 마음은 주의 말씀만 경외하나이다 사람이 많은 탈취물을 얻은 것처럼 나는 주의 말씀을 즐거워하나이다 나는 거짓을 미워하며 싫어하고 주의 율법을 사랑하나이다 주의 의로운 규례들로 말미암아 내가 하루 일곱 번씩 주를 찬양하나이다 주의 법을 사랑하는 자에게는 큰 평안이 있으니 그들에게 장애물이 없으리이다 여호와여 내가 주의 구원을 바라며 주의 계명들을 행하였나이다 내 영혼이 주의 증거들을 지켰사오며 내가 이를 지극히 사랑하나이다

타브(ת)

여호와여 나의 부르짖음이 주의 앞에 이르게 하시고 주의 말씀대로 나를 깨닫게 하소서 나의 간구가 주의 앞에 이르게 하시고 주의 말씀대로 나를 건지소서 주께서 율례를 내게 가르치시므로 내 입술이 주를 찬양하리이다 주의 모든 계명들이 의로우므로 내 혀가 주의 말씀을 노래하리이다 내가 주의 법도들을 택하였사오니 주의 손이 항상 나의 도움이 되게 하소서 여호와여 내가 주의 구원을 사모하였사오며 주의 율법을 즐거워하나이다 내 영혼을 살게 하소서 그리하시면 주를 찬송하리이다 주의 규례들이 나를 돕게

하소서 잃은 양 같이 내가 방황하오니 주의 종을 찾으소서 내가 주의 계명들을 잊지 아니함이니이다

그가 그의 말씀을 보내어 그들을 고치시고 위험한 지경에서 건지시는도다 (시 107:20)

Chapter 9

천국의
전투 기술

우리가 육신으로 행하나 육신에 따라 싸우지 아니하노니
우리의 싸우는 무기는 육신에 속한 것이 아니요
오직 어떤 견고한 진도 무너뜨리는 하나님의 능력이라
모든 이론을 무너뜨리며 하나님 아는 것을 대적하여 높아진 것을 다 무너뜨리고
모든 생각을 사로잡아 그리스도에게 복종하게 하니
너희의 복종이 온전하게 될 때에 모든 복종하지 않는 것을 벌하려고
준비하는 중에 있노라(고후 10:3-6).

Chapter 9

지극히 높으신 하나님께서는 과거와 현재와 미래의 모든 사람에 관해 책에 기록해 놓으셨다. 이 책에는 그분의 피조물인 인류를 향한 놀라운 계획이 담겨 있다. 우리는 하나님의 형상으로 창조되었다. 그 외에 어떤 피조물도 하나님의 형상으로 지음 받지 않았다.

1992년에 예수님과 함께 있을 때, 우리의 창조주께서 사람을 얼마나 신묘막측하게 지으셨는지 깨닫고 놀랐다. 예수님과 함께하는 동안 내가 배운 진리 한 가지는, 아버지께서 우리를 그분과 같은 존재로 창조하기 원하셨다는 것이다. 하나님은 한 가지 목적을 위해 우리를 그분의 형상으로 만드셨는데, 바로 우리로 그분과 교감하게 하시려는 것이었다. 예수님과 함께 있는 동안 그분이 나에게 분명하게 말씀하신 또 다른 계시는, 사람은 결코 죽거나 죄에 빠지도록 지음 받지 않았다는 것이다. 우리는 타락한 이 세상에서 살도록 창조되지 않았다.

태초에 하나님은 사람을 완전하게 창조하셨다. 그리고 인류가 땅에 있는 모든 것을 온전히 다스리게 하는 것이 하나님의 뜻이고 계획이었다. 사람은 자신이 원하는 것은 무엇이든 명령하여 창조해 낼 수 있었다. 우리의 창조주처럼 어려움 없이 그 자리에서 창조해 낼 수 있었다. 타락하기 전까지 사람은 이 땅에서 지금보다 훨씬 높은 차원에서 기능했고, 하나님은 사람과의 교제를 즐기셨다.

보이지 않는 세계에는 천사들의 군대가 있는데, 그들의 수는 헤아릴 수 없다. 이들 군대들은 언제든지 지극히 높으신 하나님의 뜻을 수행할 수 있다. 모든 천사들은 효과적으로 하나님 나라를 전진시키기 위해 정확히 어떻게 해야 하는지 알고 있다.

천사들은 우리를 돕고 섬기도록 파송되었다. "모든 천사들은 섬기는 영으로서 구원 받을 상속자들을 위하여 섬기라고 보내심이 아니냐"(히 1:14). 각각의 천사들에게는 특별한 임무가 주어졌는데, 그들은 천국의 책에 기록된 것을 성공적으로 수행해야 한다. 천사들은 각 사람이 소명 안에서 승리할 수 있도록 수많은 계획을 세운다. 천사들은 특정 개인들에게 파송되며, 그들에게는 자기가 돌보는 사람을 연구하고 알아갈 책임이 있다.

우리는 오는 세대에 예수 그리스도와 함께 다스리고 통치하게 될 것이다. 그러므로 천사들이 믿는 자들을 돌보는 것은 대단히 중요한 일이다. 천사들은 주께서 믿는 자들에게 선포하신 말씀들이 성취되도록 돕는다.

예수님과 함께 있는 동안, 그분의 눈 속에서 처음으로 그분이 나를 생각하시고 내 어머니의 태에 살아 있는 혼을 불어넣으시던 날을 보았다. 또한 나의 소명이 기록된 책들이 있었는데, 그 소명은 예수님으로 인쳐져 있었다. 그리고 나를 위해 천사들이 파송되었고, 그들에게는 내 삶을 위해 세워진 전략들이 있었다. 하나님께서는 천사들로 하여금 그분이 각 사람을 향해 마음에 품으신 것을 전부 실행하게 하셨다. 우리의 소명을 이루려면, 주님 안에 거하며 겸손히 그분과 동행해야 한다.

주께서 나의 속사람을 지으셨고 나의 섬세한 장부와 오묘한 거죽을 만드시며 내 어머니의 태에서 이것들을 다 엮으셨도다. 하나님께 내가 감사하기는 나를 지으시되 신묘막측하게 만드셨으니, 주의 행하시는 모든 일이 경이로워 숨이 막히나이다! 이에 대해 생각할 때 참으로 놀라우니, 주께서 나를 얼마나 철저히 아시는지요! 심지어 내 몸의 모든 뼈의 형태를 일일이 잡으셨으니, 은밀한 곳에서 나를 창조하실 때라. 나를 정성스럽고 공교하게 빚으셨으니, 무에서 유를 만들어내셨도다! 주께서 나를 창조하셨을 때 내가 이미 어떠할 줄 아셨으니, 내가 나 되기도 전에라! 주께서 나를 위해 계획한 날수도 모두 주의 책에 기록되었도다. 한순간도 주께서 내 생각을 하지 않을 때가 없으니, 이를 묵상하매 어찌나 귀하고 놀라운지요!

주의 생각마다 나를 끊임없이 아끼시는도다! 오 하나님, 나를 향한 주의 바람이 해변의 모래알보다 더 많도소이다! 매일 아침 내가 깰 때마다 주는 여전히 나를 생각하고 계시나이다. (시 139:13-18, TPT)

영적 전쟁과 천사들

우리가 살아가는 이 땅에는 우리의 거룩한 소명을 멸하려 하는 정사와 권세들과 더러운 영들이 있다. 천사들은 이러한 원수들의 모든 악한 일에 맞서 싸우기 위해 파송되었다. 그러나 믿는 자들도 이 전쟁에 참여하도록 부름 받았다. 우리는 기도와 선포로 영적 전쟁에 참여하여 하나님 나라를 확장시켜야 한다.

주님께 나아오는 사람은 누구나 그 사람이 특정 분야에서 탁월해지도록 훈련받게 된다. 주님은 믿는 자의 성품을 가장 중요하게 여기신다. 그러므로 모든 그리스도인은 분명 특정 시험을 통과하게 되어 있다. 그리고 각각의 시험을 통과할 때마다 하나님 나라에서 승진하게 된다.

우리의 싸움이 현 세대에게 얼마나 중요한지 깨닫게 되면, 이 계시가 모두에게 동기를 부여할 것이다. 모든 믿는 자들이 성령의 불을 받고 기쁨으로 충만해질 것이다. 하나님께 속한 자들이 그분이 허락하신 시험을 통과하면, 하나님의 아들들에 대한 계시가 세상에 점점 더 명확하게 나타날 것이다. 그리고 우리 모두가 이 마지막 때에 주께서 각 사람에게 맡겨 주신 역할을 감당하게 될 것이다.

영광 가운데 강력한 하나님의 마지막 운행하심이 시작되었다. 이 땅에 파송된 천사들은 마지막 때의 추수를 위해 각 사람을 곳곳에 배치하고 있다. 많은 이들이 구원을 받고, 천국의 작전 사령부의 전략에 맞는 위치에 배정될 것이다. 지금 천사들의 군대를 이끄시는 하나님께서 모든 믿는 자들의 돌파를 돕고 계신다. 전능하신 하나님은 우리 모두가 삶 가운데 이런 시험들을 통과할 수 있도록 도움의 손길을 보내고 계신다.

천사들은 우리를 대적하는 원수와 싸우기 위해 완벽하게 무장하고 있다. 그들은 언젠가 믿는 자들이 자신들 위에 군림하게 될 것을 안다. 천사들은 현재의 삶뿐만 아니라, 이후의 삶에서도 믿는 자들을 도울 것이다. 주님과 그분의 나라를 위해 각 사람에게 맡겨진 일들을 능히 감당할 수 있게 도울 것이다.

노아 웹스터 사전은 전쟁과 관련된 용어의 의미를 다음과 같이 정의한다.

무기(명사)
1. 공격 도구, 적을 멸하거나 괴롭히는 데 사용하기 위해 고안된 것
2. 경쟁 또는 적과의 싸움을 위한 도구
3. 방어 도구

전투(명사)

1. 군 복무, 군 생활, 전쟁

2. 시험, 영적 원수와의 싸움

싸우다, 전쟁하다(동사)

군 생활을 이끌다, 지속적인 전쟁을 수행하다

하나님의 전신갑주

끝으로 너희가 주 안에서와 그 힘의 능력으로 강건하여지고 마귀의 간계를 능히 대적하기 위하여 하나님의 전신갑주를 입으라 우리의 씨름은 혈과 육을 상대하는 것이 아니요 통치자들과 권세들과 이 어둠의 세상 주관자들과 하늘에 있는 악의 영들을 상대함이라 그러므로 하나님의 전신갑주를 취하라 이는 악한 날에 너희가 능히 대적하고 모든 일을 행한 후에 서기 위함이라 그런즉 서서 진리로 너희 허리 띠를 띠고 의의 호심경을 붙이고 평안의 복음이 준비한 것으로 신을 신고 모든 것 위에 믿음의 방패를 가지고 이로써 능히 악한 자의 모든 불화살을 소멸하고 구원의 투구와 성령의 검 곧 하나님의 말씀을 가지라 모든 기도와 간구를 하되 항상 성령 안에서 기도하고 이를 위하여 깨어 구하기를 항상 힘쓰며 여러 성도를 위하여 구하라 또 나를 위하여 구할 것은 내게 말씀을 주사 나로 입을 열어 복음의 비밀을 담대히 알리게 하옵소서 할 것이니 이 일을 위하여 내가 쇠사슬에 매인 사신이 된 것은 나로 이 일에 당연히 할 말을 담대히 하게 하려 하심이라 (엡 6:10-20)

에베소서 6장에는 모든 그리스도인이 알아야 할 몇 가지 중요한 정보가 있다. 이것은 천국의 전투 기술 및 전략과 관련이 있다. 이 땅의 그리스도인들에게 대단히 강력한 사명이 맡겨졌는데, 여기에는 천사들과의 동역도 포함된다. 이 땅에서 우리의 소명을 성취하려면, 천국의 전투 기술과 전략들을 알아야 한다.

그리스도인들은 오늘날 이 땅에서 하나님과 동역하고 있다. 에베소서 6장은 우리가 하나님과 동역하기 위해 알아야 할 네 가지 중요한 원칙을 강조한다.

- 주 안에서와 그 힘의 능력으로 강건하여지라.

- 하나님의 전신갑주를 입으라.
  - 마귀의 간계를 능히 대적하기 위하여

- 우리의 씨름은 혈과 육이 아니라 다음 요소들을 상대하는 것이다.
  - 통치자늘

- 권세들

- 이 어둠의 세상 주관자들

- 하늘에 있는 악의 영들

- 그러므로 하나님의 전신갑주를 취하라.

  - 악한 날에 너희가 능히 대적하고

  - 모든 일을 행한 후에 서기 위함이라

  - 그런즉 서서

  - 진리로 너희 허리띠를 띠고

  - 의의 호심경을 붙이고

  - 평안의 복음이 준비한 것으로 신을 신고

  - 믿음의 방패를 가지고

  - 능히 악한 자의 모든 불화살을 소멸하고

  - 구원의 투구를 가지라

  - 성령의 검(곧 하나님의 말씀)을 가지라

  - 모든 기도와 간구를 하되

    항상 성령 안에서 기도하고

  - 이를 위하여 깨어 구하기를 항상 힘쓰며

    여러 성도를 위하여 구하라

    또 나를 위하여 구할 것은 내게 말씀을 주사

    나로 입을 열어 복음의 비밀을 담대히 알리게 하옵소서 할지니

이 일을 위하여 내가 쇠사슬에 매인 사신이 된 것은

당연히 할 말을 하도록

나로 이 일에 담대히 하게 하려 하심이라

주 안에서와 그 힘의 능력으로 강건하여지라

모든 믿는 자는 전투 또는 전쟁의 개념을 이해하고 붙잡아야 한다. 전쟁과 관련된 가장 중요한 개념 중 하나는 우리가 주님의 능력 안에 머물러 있으면 패배하지 않는다는 것이다. 주님은 천사들의 군대를 이끄시는 분이며, 우리의 사령관이시다. 그리스도인이 항상 모든 전쟁에서 이기게 되어 있다는 사실을 깨달으면, 우리는 어떤 적이든 충분히 맞설 수 있게 될 것이다.

그리스도인들에게는 하나님의 모든 능력과 즉각적인 도움이 예비되어 있다. 우리와 함께 싸울 수많은 천사들이 있기 때문에 어떤 일이 닥쳐도 두려워할 필요가 없다. 우리의 사령관이신 주 하나님이 전쟁에서 그분의 소유된 자들과 함께하시므로, 우리는 모든 싸움 가운데 강건해야 한다.

하나님의 전신갑주를 입으라

믿는 자들은 전쟁을 위해 완전무장해야 한다. 우리를 치려고 만들어진 어떤 무기도 성공하지 못한다는 사실을 확신하라. 믿는 자들이 전투에 필요한 모든 것을 장착했을 뿐만 아니라, 무기들을 잘 사용할 수 있도록 훈련되었기 때문이다. 믿는 자는 누구나 능히 마귀의 전략에 맞서 싸우게 될 것이다.

마귀는 이미 패배한 원수이다. 우리는 앞으로 나아가 원수를 대적해야 한다. 우리의 사령관이신 하나님을 따르는 자들에게는 원수가 두려워하며 달아나는 모습을 목도할 권리가 있다. 전능하신 하나님께서 그분의 나라 안에서 모든 믿는 자에게 원수를 물리칠 신성한 권세를 주셨기 때문이다.

우리의 씨름은 혈과 육을 상대하는 것이 아니다

그리스도인들은 원수의 다양한 유형과 계급을 배우게 된다. 우리가 원수에 맞서 힘을 합치면, 이들에 대한 권세를 하나님께서 주셨다는 것을 온전히 확신하게 된다. 뿐만 아니라 천사들이 항상 함께하며 도와준다.

모든 믿는 자는 통치자들과 권세들 그리고 어둠의 세상 주관자들과 하늘에 있는 악의 영들을 대적해야 한다. 우리가 이들을 하나님 나라 밖으로 몰아내게 될 것이다. 우리는 이 패배한 원수들에게 존귀하신 예수님의 보혈과 그 이름을 마음껏 사용해도 된다. 또한 하나님의 군대를 대적하는 우리 혼의 원수들을 무력하게 만들어야 한다.

그러므로 하나님의 전신갑주를 취하라

믿는 자들이 일어나 악에 맞서기 시작해야 한다. 전능하신 하나님의 모든 권세와 통치 가운데 굳건히 서야 한다. 모두가 진리의 허리띠를 두르고, 가슴은 의의 호심경(흉갑)으로 보호하며, 발에는 평안의 복음을 전할 준비로 신을 신고, 가는 곳마다 좋은 소식을 가져가야 한다. 하나님의 평강, 곧 샬롬으로 인해 모든 그리스도인의 삶에 하나님의 은혜와 복이 역사하고 있다. 우리는 믿음의 방패를 사용하여 악한 자의 모든 불화살을 소멸한다. 머리는 구원의 투구로 보호한다.

모든 그리스도인은 하나님의 말씀인 성령의 검을 사용하여 진리로 원수를 쓰러뜨려야 한다. 모든 기도가 응답되는 것을 막으려고 애쓰는 악한 영들에게 매우 효과적인 무기인 성령의 검을 사용해야 한다. 그리고 지속적으로 모든 기도와 간구로 기도하라. 그리스도의 좋은 군사로서 항상 성령 안에서 기도하며, 거룩한 믿음을 세우고, 하나님의 사랑 안에 머물라. 그리고 모든 성도들을 위해 끝까지 인내하며 깨어 구하기를 항상 힘쓰고, 모두가 담대하게 입을 열어 복음의 비밀을 알리게 되기를 기도하라.

여호와께서 너를 대적하기 위해 일어난 적군들을 네 앞에서 패하게 하시리라 그들이 한 길로 너를 치러 들어왔으나 네 앞에서 일곱

길로 도망하리라 (신 28:7)

천국의 전투 전략

권위에 순복함

그런즉 너희는 하나님께 복종할지어다 마귀를 대적하라 그리하면 너희를 피하리라 (약 4:7)

더 크신 분

자녀들아 너희는 하나님께 속하였고 또 그들을 이기었나니 이는 너희 안에 계신 이가 세상에 있는 자보다 크심이라 (요일 4:4)

하나님의 능력

우리가 육신으로 행하나 육신에 따라 싸우지 아니하노니 우리의 싸우는 무기는 육신에 속한 것이 아니요 오직 어떤 견고한 진도 무너뜨리는 하나님의 능력이라 모든 이론을 무너뜨리며 하나님 아는 것을 대적하여 높아진 것을 다 무너뜨리고 모든 생각을 사로잡아 그리스도에게 복종하게 하니 (고후 10:3-5)

믿음 안에 굳건히 섬

근신하라 깨어라 너희 대적 마귀가 우는 사자같이 두루 다니며 삼킬 자를 찾나니 너희는 믿음을 굳건하게 하여 그를 대적하라 (벧전 5:8-9)

모든 무기가 쓸모없게 됨

너를 치려고 제조된 모든 연장이 쓸모가 없을 것이라 일어나 너를 대적하여 송사하는 모든 혀는 네게 정죄를 당하리니 이는 여호와의 종들의 기업이요 이는 그들이 내게서 얻은 공의니라 여호와의 말씀이니라 (사 54:17)

전신갑주

마귀의 간계를 능히 대적하기 위하여 하나님의 전신갑주를 입으라 우리의 씨름은 혈과 육을 상대하는 것이 아니요 통치자들과 권세들과 이 어둠의 세상 주관자들과 하늘에 있는 악의 영들을 상대함이라 그러므로 하나님의 전신갑주를 취하라 이는 악한 날에 너희가 능히 대적하고 모든 일을 행한 후에 서기 위함이라 그런즉 서서 진리로 너희 허리 띠를 띠고 의의 호심경을 붙이고 평안의 복음이 준비한 것으로 신을 신고 모든 것 위에 믿음의 방패를 가지고 이로써 능히 악한 자의 모든 불화살을 소멸하고 구원의 투구와 성령의 검 곧 하나님의 말씀을 가지라 (엡 6:11-17)

넉넉히 이기는 자

그러나 이 모든 일에 우리를 사랑하시는 이로 말미암아 우리가 넉넉히 이기느니라 (롬 8:37)

승리

우리 주 예수 그리스도로 말미암아 우리에게 승리를 주시는 하나님께 감사하노니 (고전 15:57)

주의 영으로

만군의 여호와께서 말씀하시되 이는 힘으로 되지 아니하며 능력으로 되지 아니하고 오직 나의 영으로 되느니라 (슥 4:6)

보호

주는 미쁘사 너희를 굳건하게 하시고 악한 자에게서 지키시리라
(살후 3:3)

권능(권세)

내가 너희에게 뱀과 전갈을 밟으며 원수의 모든 능력을 제어할 권능을 주었으니 너희를 해칠 자가 결코 없으리라 (눅 10:19)

풍성한 삶

도둑이 오는 것은 도둑질하고 죽이고 멸망시키려는 것뿐이요 내가 온 것은 양으로 생명을 얻게 하고 더 풍성히 얻게 하려는 것이라
(요 10:10)

합심(한마음)

진실로 너희에게 이르노니 무엇이든지 너희가 땅에서 매면 하늘에서도 매일 것이요 무엇이든지 땅에서 풀면 하늘에서도 풀리리라

진실로 다시 너희에게 이르노니 너희 중의 두 사람이 땅에서 합심
하여 무엇이든지 구하면 하늘에 계신 내 아버지께서 그들을 위하
여 이루게 하시리라 (마 18:18-19)

원수들의 패배

여호와께서 너를 대적하기 위해 일어난 적군들을 네 앞에서 패하
게 하시리라 그들이 한 길로 너를 치러 들어왔으나 네 앞에서 일곱
길로 도망하리라 (신 28:7)

이김

이것을 너희에게 이르는 것은 너희로 내 안에서 평안을 누리게 하
려 함이라 세상에서는 너희가 환난을 당하나 담대하라 내가 세상
을 이기었노라 (요 16:33)

피할 길

사람이 감당할 시험밖에는 너희가 당한 것이 없나니 오직 하나님
은 미쁘사 너희가 감당하지 못할 시험 당함을 허락하지 아니하시

고 시험 당할 즈음에 또한 피할 길을 내사 너희로 능히 감당하게 하시느니라 (고전 10:13)

진리

진리를 알지니 진리가 너희를 자유롭게 하리라 (요 12:32)

선으로 악을 이김

악에게 지지 말고 선으로 악을 이기라 (롬 12:21)

어린양의 피

또 우리 형제들이 어린양의 피와 자기들이 증언하는 말씀으로써 그를 이겼으니 그들은 죽기까지 자기들의 생명을 아끼지 아니하였도다 (계 12:11)

선한 싸움

믿음의 선한 싸움을 싸우라 영생을 취하라 이를 위하여 네가 부르심을 받았고 많은 증인 앞에서 선한 증언을 하였도다 (딤전 6:12)

바위

내가 이 반석 위에 내 교회를 세우리니 음부의 권세가 이기지 못하리라 (마 16:18)

승리하신 하나님의 아들

하나님의 아들이 나타나신 것은 마귀의 일을 멸하려 하심이라 (요일 3:8)

주님을 앙망함

오직 여호와를 앙망하는 자는 새 힘을 얻으리니 독수리가 날개 치며 올라감 같을 것이요 달음박질하여도 곤비하지 아니하겠고 걸어가도 피곤하지 아니하리로다 (사 40:31)

우리를 위해 싸우시는 주님

너희 중 한 사람이 천 명을 쫓으리니 이는 너희의 하나님 여호와 그가 너희에게 말씀하신 것같이 너희를 위하여 싸우심이라 (수 23:10)

우리를 위해 싸우시는 하나님

너희는 그들을 두려워하지 말라 너희의 하나님 여호와께서 친히 너희를 위하여 싸우시리라 하였노라 (신 3:22)

우리를 위하시는 하나님

그런즉 이 일에 대하여 우리가 무슨 말 하리요 만일 하나님이 우리를 위하시면 누가 우리를 대적하리요 (롬 8:31)

대적을 짓밟으시는 하나님

주를 통해 우리가 우리 적들을 물리칠 것이며 주의 이름을 통해 우리에게 맞서 일어나는 사람들을 짓밟을 것입니다 (시 44:5, 우리말)

강하고 담대함

내가 네게 명령한 것이 아니냐 강하고 담대하라 두려워하지 말며 놀라지 말라 네가 어디로 가든지 네 하나님 여호와가 너와 함께 하느니라 하시니라 (수 1:9)

뒤집어엎음

주께서 나를 전쟁하게 하려고 능력으로 내게 띠 띠우사 일어나 나를 치는 자들이 내게 굴복하게 하셨나이다 (시 18:39)

나의 피난처

지존자의 은밀한 곳에 거주하며 전능자의 그늘 아래에 사는 자여, 나는 여호와를 향하여 말하기를 그는 나의 피난처와 나의 요새요 내가 의뢰하는 하나님이라 하리니 이는 그가 너를 새 사냥꾼의 올무에서와 심한 전염병에서 건지실 것임이로다 그가 너를 그의 깃으로 덮으시리니 네가 그의 날개 아래에 피하리로다 그의 진실함은 방패와 손 방패가 되시나니 (시 91:1-4)

하나님께 속한 전쟁

여호와께서 이같이 너희에게 말씀하시기를 너희는 이 큰 무리로 말미암아 두려워하거나 놀라지 말라 이 전쟁은 너희에게 속한 것이 아니요 하나님께 속한 것이니라 (대하 20:15)

Chapter 10

우리를 향한 하나님의 뜻

너희는 이 세대를 본받지 말고 오직 마음을 새롭게 함으로 변화를 받아 하나님의 선하시고 기뻐하시고 온전하신 뜻이 무엇인지 분별하도록 하라(롬 12:2).

Chapter 10

　이제 믿는 자들은 하나님 나라 안에서 놀라운 시간을 경험하게 될 것이다. 세상이 하나님의 강력한 운행하심으로 들어가면서 이 땅에 하나님의 영광이 충만할 것이다. 그러므로 그리스도인들도 자신을 향한 구체적인 하나님의 뜻을 알아야 한다.

　앞으로 하나님의 온전하신 뜻과 예정하심이 우리 삶에 나타나기 시작할 것이다. 하나님의 예정과 계획은 모든 믿는 자의 삶에 극적인 영향을 미치게 될 것이다. 하나님께서는 머지않아 이 땅으로 돌아오시기 위해 준비하고 계신다. 그분은 천사들을 통해 모든 그리스도인의 삶을 만지고 계신다.

　천사들은 믿는 자들을 섬긴다. 우리 모두가 성령 안에서 살아가게 함으로 그리 쉽지만은 않은 좁은 길을 걷게 하는 것이 그들의 목적이다. 하지만 하나님께서 그 좁은 길을 가는 동안 각 사람의 소명을 성취하는 데 도움이 되는 중요한 원칙들을 배우게 하신다. 성공적인 삶을 살기 위해 그들이 알아야 할 것들을 배울 수 있도록 도우신다.

하나님은 좁은 길을 가는 자들이 하나님 나라의 능력 있는 승리자가 되도록 여러 가지 상황을 경험하게 하신다. 믿는 자들이 강한 용사가 되기 위해 반드시 갖추어야 할 중요한 요소가 있는데, 바로 주님을 온전히 신뢰하는 것이다.

주님을 신뢰하라

하나님은 자신이 말씀하신 것을 지키시는 분이다. 그래서 믿는 자들은 온전히 그분을 신뢰할 수 있다. 주님이 어떤 일이 일어날 것이라고 말씀하시면, 그 일은 반드시 일어난다. 한 사람의 삶을 향한 하나님의 뜻은 그를 위해 전능하신 하나님께서 예비하신 영원한 목적과 계획에 근거한다.

하나님은 세상이 창조되기 전에 우리를 향한 온전한 뜻을 계획하셨다. 사실 그분은 모든 사람이 그리스도를 아는 지식으로 나아올 것을 생각하셨다. 예수 그리스도는 세상의 기초가 놓이기 전에 죽임당하신 어린양이었다. 하나님은 우리를 향한 계획을 세우는 것을 이미 마음에 품고 계셨다. 그래서 이 땅이 창조되기도 전에 모든 것이 준비되었다. 주님은 우리 모두가 이 땅의 삶 가운데 그분의 온전하신 뜻을 알 수 있게 하셨다. 그러므로 우리는 자신의 삶을 향한 하나님의 뜻에 무지해서는 안 된다.

천사들은 모든 믿는 자가 전능하신 하나님이 행하고 계시는 것 속으로 들어갈 수 있게 항상 함께하며 도울 것이다. 그들은 이 땅에 이미 시작된 하나님의 마지막 위대한 운행하심 가운데 특별히 믿는 자들이 모든 전쟁에서 승리하도록 도울 준비가 되어 있다. 우리는 "영(마음)은 원하지만 육신이 약하다"는 영적 진리를 알아야 한다.

천사들은 영적 영역에서 모든 믿는 자들의 삶 가운데 하나님의 온전하신 뜻을 실행하고 싶어 한다. 하지만 우리가 특정 상황에 대한 하나님의 뜻이 무엇인지 모르는 경우가 많다. 이것은 아마도 주어진 순간에 주님이 계시해 주시는 것을 이해하지 못하기 때문인 것 같다.

그리스도인들은 때로 자신이 하나님의 온전한 뜻 안에 있는지, 또는 그분이 허락하신 뜻 안에 있는지 알고 싶어 한다. 당신의 삶을 향한 하나님의 뜻을 이해할 수 없다면 우리에게는 돕는 분이 계시다. 성령께서 그런 상황에 해결책을 제시해 주실 것이다. 성령님은 언제나 우리가 가야 할 방향을 가르쳐 주실 수 있다.

성령의 검

하나님의 영은 모든 믿는 자에게 성령의 검으로 임하신다. 이 성령의 검은 우리의 혼과 영을 가르게 되어 있다.

> 하나님의 말씀은 살아 있고 활력이 있어 좌우에 날선 어떤 검보다도 예리하여 혼과 영과 및 관절과 골수를 찔러 쪼개기까지 하며 또 마음의 생각과 뜻을 판단하나니 (히 4:12)

하나님께서는 각 사람의 혼을 생각과 의지와 감정, 이 세 영역으로 만드셨다. 각 사람의 실제적인 인격은 그 사람의 혼 안에 있다. 진리의 성령이 오시면 절대적 진리를 계시해 주시고, 모든 믿는 자를 그들의 소명으로 이끄신다. 진리의 성령은 모든 믿는 자 안에 거하시기 때문에, 그들의 내면에서 계시가 일어나게 된다. 그리고 이러한 계시는 각 사람의 영 안에 임한다.

모든 그리스도인은 성령의 계시가 그들의 생각에 임하도록 허락해야 한다. 믿는 자의 몸은 본성적으로 하나님의 뜻대로 행하려 하지 않는다. 우리는 사람이기에 종종 성령의 일들에 대해 의문을 품거나 논리적으로 생각하게 된다. 따라서 영과 생각, 그리고 육신 사이의 내적 갈등에 직면하는 경우가 많다. 생각은 자기 뜻대로 하고 싶어 하고, 육신도 마찬가지이다. 하지만 우리는 성령의 인도하심으로 다스림 받아야 한다.

우리의 영과 생각과 육신 사이에 싸움이 벌어지는 동안, 성령의 능력이 그 사람 안에 있는 영을 비춘다. 거듭남의 경험은 사실 성령님이 그 사람의 영으로 들어가시는 것이다. 사람 안에 있는 영은 모든 그리스도인 안에 거하시는 하나님의 빛이다.

주님의 천사들은 사람들을 그리스도께 이끌어 기꺼이 주 예수님을 구세주로 영접하는 위치에 서게 만드는 놀라운 일을 행한다. 천사들은 보이지 않는 곳에서 일하며 사람들이 개인적으로 주님이 필요하다는 것을 깨닫도록 영적 분위기를 조성한다. 그리스도인이 되는 순간, 그 사람은 하나님의 일들을 받아들이는 위치에 서게 된다. 이것은 그 사람의 삶에 일어나는 놀라운 변화이다. 주님께 자신을 내어 드리려 하지 않던 사람이 완전히 태도를 바꾸어 하나님을 온전히 받아들이게 된다.

하나님의 말씀에 의하면, 거듭난 사람은 모두 새로운 피조물이다. 고린도후서 5장 17절은 다음과 같이 말씀한다. "그런즉 누구든지 그리스도 안에 있으면 새로운 피조물이라 이전 것은 지나갔으니 보라 새것이 되었도다."

그리스도인의 영은 하나님의 부활의 능력으로 충만하다. 하지만 우리의 혼도 새롭게 되어야 한다. 하나님의 말씀이 우리의 사고방식을 바꿀 때 이러한 변화, 곧 새롭게 되는 일이 일어난다.

너희는 이 세대를 본받지 말고 오직 마음을 새롭게 함으로 변화를 받아 하나님의 선하시고 기뻐하시고 온전하신 뜻이 무엇인지 분별하도록 하라 (롬 12:2)

주님께서 빛을 비추신다

사도 바울은 모든 믿는 자를 향해 자기 몸을 단련하라고 말한다. 육신의 몸이 속사람의 뜻에 따르게 해야 한다. 영의 사람이란, 그 사람의 마음을 말한다. 사람의 영이 그 사람의 삶을 다스리게 해야 한다.

사람의 영은 하나님의 영에 의해 변화되었기 때문에 완전하며, 하나님이 거하시는 곳이다. 그러나 우리의 혼과 몸은 온전하지 않다. 그러므로 주님께서 우리의 혼을 새롭게 변화시켜 주시도록 허락해 드려야 한다. 그리스도인이 신령한 계시에 마음을 열면, 그의 혼이 하나님의 영으로 빛나게 된다. 사무엘하 22장 29-37절은 다음과 같이 말씀한다.

여호와여 주는 나의 등불이시니 여호와께서 나의 어둠을 밝히시리이다 내가 주를 의뢰하고 적진으로 달리며 내 하나님을 의지하고 성벽을 뛰어넘나이다 하나님의 도는 완전하고 여호와의 말씀은 진실하니 그는 자기에게 피하는 모든 자에게 방패시로다 여호와 외에 누가 하나님이며 우리 하나님 외에 누가 반석이냐 하나님은 나의 견고한 요새시며 나를 안전한 곳으로 인도하시며 나의 발로 암사슴 발 같게 하시며 나를 나의 높은 곳에 세우시며 내 손을 가르쳐 싸우게 하시니 내 팔이 놋 활을 당기도다 주께서 또 주의 구원의 방패를 내게 주시며 주의 온유함이 나를 크게 하셨나이다 내 걸음을 넓게 하셨고 내 발이 미끄러지지 아니하게 하셨나이다

본문에는 주님의 많은 지혜가 담겨 있다. 주 하나님께서는 우리 안에 거하기를 기뻐하신다. 잠언 20장 27절은 다음과 같이 말씀한다. "사람의 영혼은 여호와의 등불이라 사람의 깊은 속을 살피느니라."

성령님은 사람의 영을 비추시며, 또한 모든 믿는 자의 길을 비춰 주신다. 하나님의 빛이 사람의 영 안으로 들어오면, 그 빛이 나아가 그 사람의 혼과 지각 안에서 역사하게 된다. 사도 바울이 영으로 기도하는 것에 대해 언급한 것과 비슷하게 그 사람 안에서 계시가 일어난다. 그는 고린도전서 14장 2절에서 이렇게 말했다. "알지 못하는 방언으로 말하는 자는 사람에게 말하는 것이 아니라 하나님께 말하는 것이니, 아무도 그의 말을 이해하거나 그 의미를 알아듣지 못하지만, 영으로 신비들[비밀스러운 진리들, 숨겨진 일들]을 말하는 것이다"(확대역).

완벽한 기도

바울은 지각의 영역에 선포되는 신령한 비밀에 대해 말하였다. 방언으로 기도하는 것을 통변해 보면, 그 사람은 사실상 자신의 삶을 향한 하나님의 온전하신 뜻을 구하고 있는 것이다. 이것은 성령이 드리는 기도로, 그 사람의 생각은 사실 계시가 일어나는 데 참여하지 않는다.

하나님의 영은 우리의 연약함 가운데 운행하신다. 성령은 돕는 분으로, 연약함 가운데 있는 모든 믿는 자를 붙들어 주시며, 각 사람의 기도 가운데 비밀을 말씀하신다. 하나님의 뜻대로 이런 비밀들을 기도하시는 것이다.

우리에게 가장 좋은 상황은 우리의 삶을 향한 하나님의 온전하신 뜻 안에 있는 것이다. 사도 바울은 다음과 같이 말했다.

> 이와 같이, 성령도 우리의 연약함을 붙드시고 도와주십니다. 이를테면 우리가 때때로 어떻게 기도해야 할지, 구해야 할 최선의 것이 무엇인지조차 알지 못할 때가 있습니다. 그러나 그때에 성령께서 우리 안에서 일어나셔서 우리를 대신하여 탄원하시며, 말로 다 표현할 수 없는 깊은 탄식으로 하나님께 간구하십니다. 마음을 살피시는 하나님께서 우리 속에 있는 갈망들을 전적으로 다 아시고, 또한 성령이 생각도 아십니다. 그래서 확신컨대 우리 삶의 세세한 일

들 하나하나는 결과적으로 우리의 삶을 선으로 인도하시는 하나님의 완벽하신 계획에 꼭 들어맞도록 계속적으로 서로 함께 엮여 가고 있습니다. 이는 우리가 하나님께서 계획하신 목적을 성취하기 위해 부르심을 받은, 하나님의 연인이기 때문입니다. 하나님께서는 우리가 태어나기 전부터 우리에 관한 모든 것을 아셨습니다. 그분은 우리를 처음부터 그분의 아들의 형상을 본받게 하도록 정하셨습니다. 이는 그분으로 하여금 많은 형제들 중에서 맏아들이 되게 하려 하심입니다. 또 미리 우리가 나아갈 바를 정하신 하나님께서 우리를 부르셨고, 부르신 우리 각자에게 그분의 완전하신 의로우심을 지닌 자들을 또한 그분의 아들과 더불어 영화롭게 하셨습니다! (롬 8:26-30, TPT)

성령님은 모든 믿는 자를 위해 항상 대기하고 계시는 분으로 보냄 받으셨다. 그분은 모든 그리스도인의 영 안에서 하나님의 비밀(신비)들을 기도하기 원하신다. 하지만 우리의 생각은 성령께서 말씀하시는 것을 이해하지 못하는 경우가 있다. 하지만 그것을 이해할 수 있게 해 달라고 하나님께 구할 수 있다.

성령님이 뭐라고 말씀하시는지 통변을 받아 온전히 이해하는 것은 근사한 일이다. 그러나 대부분의 그리스도인들이 이런 수준의 통변에 이르지 못하고 있다. 그러나 계속해서 끈질기게 방언으로 기도하다 보면, 섬섬 통변이 되기 시작할 것이다.

방언으로 기도하는 사람은 사실상 하나님의 비밀(신비)을 기도하는 것이다. 주님은 성령 충만한 그리스도인이 방언을 통해 하나님의 온전하신 뜻을 기도하도록 도우신다. 주님은 다윗에게 그분의 영이 그를 온전한 길로 이끄실 것이라고 말씀하셨다. "주께서 생명의 길을 내게 보이시리니 주의 앞에는 충만한 기쁨이 있고 주의 오른쪽에는 영원한 즐거움이 있나이다"(시 16:11).

그리스도인이라면 누구나 하나님께서 그들을 위해 택하신 특별한 생명의 길에 있을 수 있다. 천사들이 이 길 가운데 우리와 동행한다. 그들은 우리가 그분의 임재 안으로 들어가 기쁨으로 충만해지도록 돕는다. 모든 그리스도인은 자기 안에 있는 기쁨을 헤아려 보아야 한다. 우리 안에 기쁨이 있어야 한다! 기쁨은 모든 믿는 자를 향한 하나님의 온전하신 뜻 가운데 하나이다.

어려운 상황 가운데 있지만, 사실상 하나님의 온전하신 뜻 가운데 있을 때가 분명히 있다. 사람의 삶이 항상 순탄한 것만은 아니다. 그러나 믿는 자는 누구나 평강과 기쁨을 누릴 수 있다.

우리는 하나님이 우리와 함께하시며 모든 것을 돌보신다는 사실을 알아야 한다. 이를테면 사도 바울은 배가 파선당한 상황에서 자신이 살아남을 것을 알았다. 천사가 좋은 소식을 가지고 그에게 나타났기 때문이다. 바울의 천사들은 전에도 그에게 나타나 모든 일이 다 잘될 것이라고 계시해 주었다. 그들은 바울에게 무슨 일이 있을지 알려 주었고, 그것은 그대로 이루어졌었다. 천사들은 바울을 섬기고 격려하기 위해 파송된 것이었다. 시편에서 다윗은 이렇게 말했다. "여호와여 주의 도를 내게 가르치시고 내 원수를 생각하셔서 평탄한 길로 나를 인도하소서"(시 27:11).

나를 가르치소서

모든 그리스도인은 하나님께서 그분의 길을 가르쳐 주시고 평탄한 길로 인도해 주시기를 갈망해야 한다. 우리의 믿음을 방해하는 원수들을 물리치려면, 주님의 지시와 인도하심이 있어야 한다. 천사들은 하나님의 소유된 자들을 원수로부터 보호하기 위해 파송된다. 그들은 또한 각 사람을 하나님이 예비하신 길로 인도한다. 하나님께서는 그분의 자녀들을 평탄한 길로 인도하실 거라고 말씀하셨다. 그러므로 우리는 우리의 길이 평탄해질 것을 확신할 수 있다.

성령님은 하나님의 깊은 비밀들을 아신다. 그분은 사람의 마음속에서 교사요 인도자가 되어 주셔서, 그 사람의 영을 통해 깊은 비밀들을 계시해 주신다. 성령님은 깨달음을 주심으로 그 사람의 길을 비춰 주신다. 믿는 자들이 하나님의 지시와 명령에 귀 기울이면, 성령님이 우리를 도우셔서 하나님의 말씀에 따를 수 있게 된다. 시편 139편은 다음과 같이 말씀한다.

> 여호와여 주께서 나를 살펴보셨으므로 나를 아시나이다 주께서 내가 앉고 일어섬을 아시고 멀리서도 나의 생각을 밝히 아시오며 나의 모든 길과 내가 눕는 것을 살펴보셨으므로 나의 모든 행위를 익히 아시오니 (시 139:1-3)

하나님은 우리의 모든 길을 잘 아시며, 천사들은 하나님의 길을 잘 안다. 그리스도인들은 이제 천사들의 사역을 이해해야 한다. 천사들은 믿는 자의 삶 가운데 하나님의 뜻을 실행하기 위해 파송되었다. 그들은 한 가지 목적, 곧 우리가 하나님의 뜻을 알도록 돕기 위해 존재한다.

영의 세계에는 수많은 천사들이 있고, 그들의 목적은 하나님의 뜻을 행하는 것이다. 그들은 이 세대를 향한 하나님의 계획을 분명하게 알고 있다. 천사들은 예수 그리스도를 통해 모든 그리스도인에게 승리가 임할 것을 확신한다. 그들은 모든 믿는 자에 대한 책을 읽었고, 그들을 돕기 위해 보냄 받았다. 천사들은 자신들이 도와야 할 이들을 향한 하나님의 계획과 이 세대에 승리를 가져올 전략들을 알고 있다. 그들의 목표는 악한 영들을 쫓아내어 그리스도인들의 삶에서 악한 영향력을 뿌리 뽑는 것이다.

우리를 돕기 위해 천사들이 와 있다. 그러므로 모든 믿는 자들은 자신의 의지를 하나님의 뜻에 순복시켜야 한다. 그것이 바로 승리하는 길이다. 하나님의 뜻은 그분의 말씀이다. 모든 믿는 자를 향한 하나님의 의도와 뜻은 참으로 위대하다.

예레미야 선지자는 하나님께서 각 사람이 형통하고 성공하도록 계획해 놓으셨다고 예언하였다. 그러므로 우리는 기대하던 선한 결과, 곧 미래와 희망을 얻게 될 것이다(렘 29:11).

> 너희는 이전 일을 기억하지 말며 옛날 일을 생각하지 말라 보라 내가 새 일을 행하리니 이제 나타낼 것이라 너희가 그것을 알지 못하겠느냐 반드시 내가 광야에 길을 사막에 강을 내리니 (사 43:18-19)

이 글을 읽는 자들은 내면에서 벅차오름을 느낄 것이다. 하나님의 영은 믿는 자들에 관한 하나님의 지혜와 지식의 보고를 드러내고 싶어 하신다. 하나님은 우리 모두가 각자를 향한 그분의 계획과 목적을 알기 바라시고, 그것을 분명하게 드러내고 싶어 하신다. 이를 위해 믿는 자들은 하나의 과정을 통과해야 한다. 그런데 그 과정이 항상 수월한 것만은 아니다. 우리는 하나님께서 영원토록 존재하시는 분이며, 그분이 이미 절대적이고 영원한 진리를 세우셨다는 것을 알아야 한다.

그리스도인들이 성령 안에서 행하려면, 특별한 것들이 필요하다. 우리는 영의 영역에서 영적 진리를 받아, 그 진리가 이 땅에 나타나기를 기다리는 법을 배워야 한다. 성령님은 믿는 자들에게 하나님의 뜻의 신비들을 드러내고 계신다. 그분은 이 세대를 향한 하나님의 계획을 계시해 주고 계신다.

믿는 자들은 굳게 서서 이 세대를 향해 담대하게 선포해야 한다. 사람들로 하여금 첫사랑을 회복하게 해야 한다. 하나님 아버지께서는 모든 그리스도인이 천사들의 사역을 받아들이기 바라신다. 오늘날 모든 세대의 믿는 자들이 돌아와서 하나님의 마음과 연합되어야 한다. 그리스도인들이 하나님의 목적을 성취하기 위해 온전히 일하기 시작하면, 이 땅에 전례 없는 가장 위대한 성령의 운행하심이 거룩하게 타오르는 불과 같이 퍼져 나갈 것이다.

> 또 주께서 주의 구원하는 방패를 내게 주시며 주의 오른손이 나를 붙들고 주의 온유함이 나를 크게 하셨나이다 내 걸음을 넓게 하셨고 나를 실족하지 않게 하셨나이다 (시 18:35-36)

Chapter 11
하나님 나라가 이 땅에

그러므로 너희는 이렇게 기도하라
하늘에 계신 우리 아버지여 이름이 거룩히 여김을 받으시오며 나라가 임하시오며
뜻이 하늘에서 이루어진 것같이 땅에서도 이루어지이다(마 6:9-10).

Chapter 11

천사들은 모든 그리스도인의 삶 가운데 일하고 있다. 믿는 자들 중에는 천사들이 존재할 뿐만 아니라 그들이 하나님 나라에서 큰 역할을 하고 있다는 사실을 깨닫지 못하는 자들도 있다. 그런 사람들에게는 천사들이 대단히 놀라울 수도 있다.

믿는 자들은 성령과 하나님의 말씀에 마음의 문을 열어야 한다. 하나님은 모든 그리스도인의 생각이 새롭게 되기를 바라신다. 그러므로 우리는 열린 마음으로 새로운 정신적 관점을 받아들여야 한다. 그렇게 하여 각 사람 안에서 성령님이 일하시게 해 드려야 한다. 생각이 새롭게 되어 하나님의 관점으로 상황을 보게 되어야 한다.

우리의 삶 가운데 승리가 지속되게 하려면 생각이 새롭게 되어야 한다. 사도 바울은 로마서 12장 2절에서 하나님의 말씀을 통해 마음을 새롭게 함으로 변화를 받는 것에 대해 말한다. 하나님이 말씀하시는 것은 천국의 절대적 진리이며, 이미 확고하게 세워진 그분의 뜻이다.

성경은 성령의 운행하심 가운데 하나님의 숨결이 사람들의 삶에 임함으로 기록되었다. 우리에게는 이렇게 성령의 감동으로 기록된 하나님의 말씀이 있다. 그러므로 어느 때나 그분의 말씀을 묵상할 수 있다. 성경을 살펴보면 이 땅의 삶뿐만 아니라 하나님의 일들에 관한 의문들이 사라지게 되어 있다.

모든 그리스도인에게는 하나님의 뜻 가운데 살아야 할 의무가 있다. 하나님께서는 그분의 소유된 자들에게 진리를 주시는데, 그것은 그분의 말씀 가운데 계시되어 있다. 그분의 말씀은 모든 상황 가운데 승리하는 삶을 위한 기초이다.

우리는 태어나기도 전부터 하나님의 마음속에 있었다. 모든 믿는 자가 아버지의 마음에서 시작되었다. 하나님께서 각 사람을 어머니의 태에 불어넣으셨다. 이번 장에서는 예수님의 심오한 말씀 몇 가지를 설명할 것이다. 예수님은 다음과 같이 말씀하셨다.

> 이와 같이 기도하라. "하늘의 영역에 거하시는 우리 아버지, 아버지의 이름의 영광이 우리 삶의 방향의 중심이 되게 하소서. 아버지의 나라의 영역을 나타내시고, 아버지의 모든 목적이 하늘에서 이루

어지는 것과 같이 이 땅에서도 이루어지게 하소서." (마 6:9-10, TPT)

하나님 나라의 관점에서 기도하기

그리스도인은 하늘에 계신 아버지께 기도하면서 천국이 하나님 나라의 절대적 진리 안에 세워졌다고 인정하는 것이다. 그러므로 믿는 자가 올바르게 기도하면, 하나님의 대사(大使)로서 하나님 나라가 하늘에서와 마찬가지로 이 땅에서도 확고하게 세워지고 있음을 인정하는 것이다.

그리스도인들은 왕의 말씀을 선포하는 자들이다. 모든 통치권이 하나님께 속한 자들에게 주어졌다.

> 누구든지 [회중에게] 말하려면 하나님의 신탁(발언, 그 말씀)을 선포하는 자처럼 하십시오. 누구든지 [회중을] 섬기려면 하나님이 (풍성하게) 공급하시는 힘으로 섬기는 자처럼 하여 모든 것 가운데 예수 그리스도를 통해 하나님이 영광[존귀와 찬미]을 받으시게 하십시오. 영광과 통치가 영원토록 그분의 것입니다. 아멘. (벧전 4:11 확대역)

우리는 사탄이 이 세상의 신이라는 사실을 안다. 사탄에게는 도둑질하고, 죽이고, 멸망시켜야 할 나라가 있다. 반면에 예수님은 믿는 자들에게 생명을 주시되, 더욱 풍성하게 주시려고 오셨다(요 10:10).

하나님 나라는 우리의 상상을 초월한다. 예수님은 이 땅에 오셔서 권세를 가지고 선포하셨다. 그분의 권세는 이 땅에서 비롯된 것이 아니었다. 예수님은 아버지의 나라가 세워진 하늘의 영역에서 말씀하셨다. 그분은 절대적인 권세와 진리의 자리, 곧 아버지께로부터 오신 분이었다. 예수님은 자기의 말이 아니라, 아버지께서 말씀해 주신 것, 곧 아버지께서 말하게 하신 것만 선포하셨다.

예수님은 그분과 같은 또 다른 분, 곧 성령이 임하실 것이라고 말씀하셨다. 그분은 성령님을 위로자, 보혜사, 항상 대기하고 계신 분으로 언급하셨다. 성령님은 오직 아버지께서 말씀하시는 것만 말씀하시고, 하나님의 뜻대로 행하신다. 그분은 믿는 자의 삶 가운데 하나님의 온전하신 뜻을 실행하고 싶어 하신다.

예수님은 하나님 나라가 이 땅에 임하도록 기도하는 것이 하나님의 뜻이라고 말씀하셨다. 그리스도인들이 올바르게 기도하는 법을 알게 되면, 천국의 영향력이 이 세상의 영들을 압도해 버릴 것이다. 이 세상 나라들을 정복하는 일을 도우려면 우리가 무엇을 해야 하는지 깨달아야 한다. 이 세상의 나라들은 하나님 나라에 정복되어야 한다.

예수님은 권위를 가지고 말씀하셨다. "예수께서 이 말씀을 마치시매 무리들이 그의 가르치심에 놀라니 이는 그 가르치시는 것이

권위 있는 자와 같고 그들의 서기관들과 같지 아니함일러라"(마 7:28-29). 예수님은 하나님 나라에서 말씀하셨다. 그분의 권위는 하늘 왕국에 속한 것이었다. 하나님 나라가 그분이 이 땅에 오시기 전에 계시던 곳이었기 때문이다.

오순절 날, 모든 믿는 자 안에 거하시는 성령님이 그들에게서 쏟아져 나오셨다. 그분은 놀라운 능력과 증거로 임하셨다. 하나님의 영은 모든 믿는 자의 영을 새롭게 하시고, 그들 안에 거하시며, 그들의 영에 하늘의 진리를 선포하신다.

예수님은 믿는 자들이 이 산을 향해 선포하고, 그 입으로 말하는 대로 될 것을 마음으로 믿으면 그대로 이루어질 것이라고 말씀하셨다(막 11:23-24). 그 무엇도 믿는 자들을 막을 수 없다. 주님은 믿는 자에게는 능히 하지 못할 일이 없다고 말씀하셨다(막 9:23).

한계를 제거하라

주님은 모든 그리스도인의 믿음이 더 높은 단계로 올라가기를 바라신다. "그러므로 내가 너희에게 말하노니 무엇이든지 기도하고 구하는 것은 받은 줄로 믿으라 그리하면 너희에게 그대로 되리라"(막 11:24). 예수님은 그리스도인이 믿으면 불가능한 일이 없을 것이라고 말씀하셨다. 그리스도께서 믿는 자들의 모든 한계를 제거하셨다.

믿는 자들은 승리가 우리의 것이라는 사실을 깨달아야 한다. 하나님께서 우리가 구하는 것에 한계를 두지 않으셨기 때문이다. 그러므로 하나님께서 우리의 믿음에 답하여 행하실 일들을 한정 지음으로 승리를 제한하지 말라.

마태복음 8장에는 하나님을 믿음으로 모든 한계에서 벗어난 사람이 등장하는데, 바로 예수님께 무한한 능력이 있음을 믿은 백부장의 이야기이다. 전능하신 하나님을 제한하지 말라.

> 예수께서 가버나움에 들어가시니 한 백부장이 나아와 간구하여 이르되 주여 내 하인이 중풍병으로 집에 누워 몹시 괴로워하나이다 이르시되 내가 가서 고쳐 주리라 백부장이 대답하여 이르되 주여 내 집에 들어오심을 나는 감당하지 못하겠사오니 다만 말씀으로만 하옵소서 그러면 내 하인이 낫겠사옵나이다 나도 남의 수하에 있는 사람이요 내 아래에도 군사가 있으니 이더러 가라 하면 가고 저더러 오라 하면 오고 내 종더러 이것을 하라 하면 하나이다 예수께서 들으시고 놀랍게 여겨 따르는 자들에게 이르시되 내가 진실로 너희에게 이르노니 이스라엘 중 아무에게서도 이만한 믿음을 보지 못하였노라 또 너희에게 이르노니 동서로부터 많은 사람이 이르러 아브라함과 이삭과 야곱과 함께 천국에 앉으려니와 그 나라의 본 자손들은 바깥 어두운 데 쫓겨나 거기서 울며 이를 갈게 되리라 예수께서 백부장에게 이르시되 가라 네 믿은 대로 될지

어다 하시니 그 즉시 하인이 나으니라 (마 8:5-13)

예수님은 이 요청에 응답하는 것이 하나님의 온전하신 뜻인지 생각해 보지도 않으셨다. 답은 이미 정해져 있었다. 예수님은 즉시 가서 고쳐 주겠다고 말씀하셨다. 그분은 이미 이 상황에 대한 하나님의 뜻을 정해 놓고 계셨다. 이 이야기는 믿는 자들이 모든 상황에 어떻게 대처해야 하는지 완벽하게 보여 준다.

우리는 질병이 하늘에 계신 하나님의 뜻이 아니라는 것을 안다. 그러므로 기억하라. 예수님이 두루 다니며 병든 자들을 고치신 것은 질병이 없는 것이 하나님의 뜻이었기 때문이다. 사도행전은 예수님이 두루 다니시며 선한 일을 행하시고, 마귀에게 눌린 모든 사람들을 고쳐 주셨다고 말씀한다(행 10:38). 예수님은 아버지께서 하늘에서 행하시는 대로 행동으로 옮기셨다.

시행하기

우리는 하늘의 것을 취하여 주저 없이 이 땅 가운데 시행하는 법을 배워야 한다. 성령님은 모든 그리스도인이 고민조차 하지 않고 하나님의 뜻대로 행하기 바라신다. 우리는 이제 더 이상 망설이지 말고 하나님의 뜻을 행해야 한다. 그러려면 하나님의 뜻을 정확하게 알아야 한다. 우리가 선포하기만 하면 하나님의 뜻이 이루어지는 수준이 되어야 한다. 우리의 권세를 깨닫고, 그 권세 안에서 걸어야 한다.

이 마지막 때에 우리는 주저 없이 하나님 나라를 실행하는 능력 안에서 걸어야 한다. 이것이 전능하신 하나님과 천사들의 계획이며 예정이다. 우리는 천국의 초자연적 능력이 이 땅에 나타나기를 바란다. 예수님이 우리 모두를 더 높은 신뢰의 차원으로 데려가고 계신다. 그리스도인들은 하나님의 초자연적인 능력이 나타나는 말과 행동을 하고 있다. 자신이 말하는 것이 이루어질 것을 더욱 확신하면서 더 높은 부르심 안에서 걷고 있다.

섬김의 마음

예수께서 대답하여 이르시되 너희는 너희가 구하는 것을 알지 못하는도다 내가 마시려는 잔을 너희가 마실 수 있느냐 그들이 말하되 할 수 있나이다 이르시되 너희가 과연 내 잔을 마시려니와 내 좌우편에 앉는 것은 내가 주는 것이 아니라 내 아버지께서 누구를 위하여 예비하셨든지 그들이 얻을 것이니라 열 제자가 듣고 그 두 형제에 대하여 분히 여기거늘 예수께서 제자들을 불러다가 이르시되 이방인의 집권자들이 그들을 임의로 주관하고 그 고관들이 그들에게 권세를 부리는 줄을 너희가 알거니와 너희 중에는 그렇지 않아야 하나니 너희 중에 누구든지 크고자 하는 자는 너희를 섬기는 자가 되고 너희 중에 누구든지 으뜸이 되고자 하는 자는 너희의 종이 되어야 하리라 인자가 온 것은 섬김을 받으려 함이 아니라 도리어 섬기려 하고 자기 목숨을 많은 사람의 대속물로 주려 함이니라 (마 20:22-28)

섬김은 하나님의 초자연적 능력의 핵심이다. 이 땅의 삶에 천국의 영역이 나타나게 하려면, 섬김의 실제적인 결과를 이해해야 한다. 우리가 종이 되어 낮은 자리를 취하면, 주님으로부터 승진을 경험하게 된다. 그리스도인은 자신을 내세울 필요가 없다.

예수님과 함께 있을 때, 내가 다른 사람을 위해 행한 것이 전부 하늘에 기록되어 있는 것을 보았다. 우리는 기쁨으로 사람들을 섬겨야 한다. 우리가 으뜸이 아니라 꼴찌로 여겨져도 괜찮다는 사실을 깨달아야 한다. 하나님은 사람을 사용하실 수 있다. 그러므로 그분은 기꺼이 섬기는 자를 승진시켜 주시게 되어 있다.

천사들이 알고 있는 초자연적인 영역의 열쇠는 자신을 내세우지 않는 것이다. 하나님의 일에 대해서는 보통 믿는 자들보다 천사들이 더 지혜롭다. 천사들은 믿는 자들의 장래에 대해 기록한 책을 보았다는 이점이 있다. 그들은 천국의 도서관에서 이것을 살펴보며 연구했다.

천사들은 보좌에 앉으신 하나님 아버지와 하늘의 일들을 본다. 그럼에도 그들은 이 땅에 와서 믿는 자들을 섬긴다. 믿는 자들이 그들을 보지 못함에도 불구하고, 천사들은 계속해서 그들을 섬긴다.

한 번이라도 천사와 대면하게 되면, 그들에 대한 관점이 바뀔 것이다. 천사가 나타날 때에야 그들이 실제로 존재한다는 사실에 깜짝 놀라는 사람도 있을 것이다. 천사들은 우리를 섬기기 위해 오는 것이지, 경배를 원하는 것이 아니다. 그들은 자신들이 행하는 일들의 공로를 인정받는 것에는 관심이 없다. 모든 일에 하나님 아버지와 성자 하나님께서 영광 받으시길 바랄 뿐이다. 천사들은 하나님이 말씀하신 대로 행하는 겸손한 종들이다.

예수님은 하나님 나라에서 큰 자가 되고 싶어 하는 자들에게 비결을 알려 주셨다. 그런 자들은 가장 작은 자가 되어야 한다. 우리가 주님을 위해 모든 것을 포기하더라도, 우리는 아무것도 잃지 않는다. 우리에게 하나님의 자녀가 되는 권세가 주어졌기 때문이다.

> 그가 세상에 계셨으며 세상은 그로 말미암아 지은 바 되었으되 세상이 그를 알지 못하였고 자기 땅에 오매 자기 백성이 영접하지 아니하였으나 영접하는 자 곧 그 이름을 믿는 자들에게는 하나님의 자녀가 되는 권세를 주셨으니 이는 혈통으로나 육정으로나 사람의 뜻으로 나지 아니하고 오직 하나님께로부터 난 자들이니라 (요 1:10-13)

나의 안에 거하라

믿는 자들은 성령으로 거듭나서 하나님의 뜻과 마주하게 된다. 모든 그리스도인의 내면에는 하나님의 영이 거하신다. 그래서 그들의 내면 깊은 곳에는 이 땅에 하나님의 뜻이 이루어지기 바라는 마음이 있다.

그리스도인들이 포도나무에 붙어 있기에, 하나님 나라가 성령의 능력으로 이 땅에 임하고 있다. 우리가 포도나무에 붙어 있으면, 예수님께서 우리를 초대하여 그 얼굴 빛을 보여 주시고, 그분의 생명의 근원과 마주하게 하신다.

우리는 성령 하나님의 생명의 흐름과 연결되어 있다. 이 신령한 흐름은 하나님의 보좌에서 시작된다. 이 신령한 흐름에 연결된 사람은 원하는 것은 무엇이든 구할 수 있다. 믿는 자가 주님을 앙망하며 응답을 기다리면, 그분이 움직이신다. 하나님이 우리의 소리를 들으신다는 것을 확신할 수 있는 것은 우리가 포도나무에 연결되어 있기 때문이다. 또한 하나님이 우리의 소리를 들으신다는 확신 가운데 그분이 응답하실 것을 알 수 있다.

이 생명의 흐름은 모든 그리스도인을 하나님과 연결하는 생수의 강이다. 믿는 자들은 이 강이 자신들을 통해 흐르게 해야 한다. 그러면 이 땅 가운데 성령의 흐름이 충만하게 나타나는 것을 보게 될 것이다. 바로 지금이 이 땅에서 천국을 볼 때이다!

명절 끝날 곧 큰 날에 예수께서 서서 외쳐 이르시되 누구든지 목마르거든 내게로 와서 마시라 나를 믿는 자는 성경에 이름과 같이 그 배에서 생수의 강이 흘러나오리라 하시니 이는 그를 믿는 자들이 받을 성령을 가리켜 말씀하신 것이라 (예수께서 아직 영광을 받지 않으셨으므로 성령이 아직 그들에게 계시지 아니하시더라) (요 7:37-39)

생수의 강

그리스도인들은 그 속에서 생수의 강이 흘러나온다. 사실 우리는 천국 보좌의 방과 연결되어 있다. 생수의 강은 하나님의 보좌에서 시작된다. 천국에 있을 때 이 강을 보았는데, 수정같이 투명하여 다이아몬드가 물이 되어 흐르는 것 같았다. 반짝거려 눈이 부신데도 너무나도 아름다워서 그것을 보게 되었다. 당장이라도 달려 내려가서 그 물을 마시고 싶었다. 하지만 나는 그 물을 마시면 영원히 살고 결코 죽지 않는다는 사실을 알고 있었다.

이 물은 보좌의 방에서 흘러나오고 있었다. 이 강은 모든 그리스도인의 영 안으로 흘러들어 가서 그들의 입에서 흘러나온다. 믿는 자가 선포할 때, 그 사람은 생명과 영의 말을 하는 것이다. 생명과 영을 선포함으로, 이 땅에 천국의 날들을 가져오는 것이다.

믿는 자들은 삶 가운데 하나님의 아들의 사역이 나타나는 것을 경험할 수 있다. 예수님은 자신이 행하신 일들을 우리가 보게 될 것이라고 말씀하셨다. 그분의 사역이 그분의 소유된 자들을 통해 계속되기 때문이다. 그리스도인들은 이 땅 가운데 하나님을 대변하는 자들이기에 더 큰일들을 행하게 되어 있다.

믿는 자들에게는 예수 이름의 권세가 있다. 우리는 하나님의 말씀을 선포할 수 있다. 말씀을 선포함으로 이 땅 가운데 하나님의 뜻을 성취할 수 있다. 우리 안에서 흘러나오는 강 때문에, 주님께 올바른 것들을 구할 수 있다. 그래서 그리스도인들이 구하면 받게 되는 것이다. 그리고 이 응답받는 기도가 모든 믿는 자의 삶을 향한 하나님의 뜻이다.

요한복음 15장은 기도에 대해 말한다. 믿는 자의 기도 생활은 그 열매와 관련이 있다. 그리스도인들이 포도나무에 붙어 있기 때문에 기도하고 구하는 것마다 받게 된다는 말이 이상하게 들릴 수도 있다. 그러나 이것이 바로 한 사람 안에 하나님의 생명의 흐름의 계시가 주어진 후 주님이 역사하시는 방법이다. 우리는 그분의 이름으로 무엇이든 구할 수 있으며, 그것은 이루어지게 되어 있다!

지금은 너희가 근심하나 내가 다시 너희를 보리니 너희 마음이 기쁠 것이요 너희 기쁨을 빼앗을 자가 없으리라 그날에는 너희가 아무것도 내게 묻지 아니하리라 내가 진실로 진실로 너희에게 이르노니 너희가 무엇이든지 아버지께 구하는 것을 내 이름으로 주시리라 지금까지는 너희가 내 이름으로 아무것도 구하지 아니하였으나 구하라 그리하면 받으리니 너희 기쁨이 충만하리라 (요 16:22-24)

나아가기

모든 그리스도인들이 나아가게 하는 것이 천사들의 예정이며 계획이다. 이렇게 나아가는 자들은 이 땅 위에 하나님 나라의 뜻을 실행에 옮기게 될 것이다. 이 일은 기도 생활 가운데 시작된다.

믿는 자들의 말은 하나님의 권세로 충만하다. 믿는 자 한 사람이 주님의 권세로 행하며 그분을 온전히 신뢰하면, 가는 곳마다 하나님의 거룩한 불로 행하게 될 것이다. 이 불은 헌신된 자로부터 나와서 그가 경험하는 모든 것을 만질 것이다. 이 거룩한 불은 지금 이 순간 하나님의 거룩한 제단에서 나와 모든 믿는 자 위에서, 그리고 그들 안에서 타오르고 있다. 예수님은 성령과 불로 세례를 주시는 분이다.

나는 회개하는 자들에게 물로 침례를 주지만, 내 뒤에 나보다 더 능력 있는 분이 오실 것이다. 사실 나는 그분의 신발을 들어 올릴 자격조차 되지 않는다. 그분은 거룩의 영과 맹렬하게 타오르는 불

로 너희를 연합 안에 잠기게 해주실 것이다! (마 3:11, TPT)

하나님은 모든 그리스도인이 온전한 기쁨을 누리기 바라신다. 그분은 우리의 기도에 응답하시게 되어 있다. 하늘 아버지께서는 우리 각 사람에게 그분의 온전하신 뜻을 행동으로 옮길 수 있는 능력을 주셨다.

우리는 이 진리를 굳게 붙잡고, 하나님의 영이 우리를 다음 단계로 이끄시도록 허락해 드려야 한다. 또한 우리의 삶을 향한 하나님의 뜻을 온전히 깨닫고, 천국이 우리를 통해 이 땅에 이루려 하는 것이 무엇인지 알아야 한다. 믿는 자에게는 불가능한 것이 없다. 천국에는 많은 불이 있다. 이 불이 이 땅에 붙어야 한다.

천사들은 자기에게 맡겨진 일들을 감당하면서 모든 믿는 자가 그리스도 안에서 승리를 얻게 할 수 있다. 그들은 절대로 패배를 받아들이지 않는다. 우리는 승리할 때까지 그만두거나 포기하지 않는 끈기와 집념을 키워야 한다. 천사들이 우리의 삶과 이 세대를 향한 하나님의 뜻을 실행에 옮길 수 있도록 우리와 함께하고 있다. 사람들을 섬기며 천국의 분위기로 이 땅에 영향을 끼쳐 도미노 효과를 일으키는 것도 천사들의 사역이다.

그러므로 우리가 흔들리지 않는 나라를 받았은즉 은혜를 받자 이로 말미암아 경건함과 두려움으로 하나님을 기쁘시게 섬길지니 또는 감사하자 우리 하나님은 소멸하는 불이심이라 (히 12:28-29)

Chapter 12
천사들의 계획을 가로막는 원수들

보라, 내가 네 앞에 천사를 보내어 가는 길에 너희를 보호하고
내가 너희를 위해 예비한 곳에 안전하게 이르게 할 것이다.
그의 목소리에 청종하고 그의 지시에 순종하라. 그를 거역하지 말라.
그는 내 대리자이니, 너희 반역을 용서하지 않을 것이다(출 23:20-21, NLT).

Chapter 12

불순종

그리스도인들은 천사들이 근심한다는 사실을 알지 못하는 경우가 많다. 천사들은 우리가 하나님과의 약속을 지키지 않거나 못하게 되면 근심한다. 불순종은 허용되지 않는다. 천사들은 자기에게 맡겨진 사람들의 특정 문제들에 매우 엄격하다. 그들은 믿는 자들이 하나님과 그분의 뜻 앞에 겸손하게 행하지 않으면 근심한다. 그리고 불순종하는 자들이 자신을 낮추며 다시 믿음 안으로 들어가도록 징계와 훈련의 과정을 시작한다.

하나님은 천사들에게 명령을 내리시며 그들의 일정을 알려 주신다. 천사들의 일정이 정해지는 곳은 사람들의 삶에 대한 전략들이 상세하게 논의되는 전국의 작전 사령부이다. 그곳에서는 각 사람에 대해 미리 기록된 내용에 기초하여 그 사람의 소명이 논의되고 결정된다. 또한 사람들이 순종하지 못하거나 그들의 삶을 향한 하나님의 뜻을 붙잡지 않음으로 변화가 생길 경우에 필요한 조치들도 결정된다. 그러면 특별한 사명을 수행할 천사들이 파송된다. 이들은 특별한 목적과 계획을 위해 파송되는 자들로, 특수 부대와 비슷하다.

> 그가 너를 위하여 그의 천사들을 명령하사 네 모든 길에서 너를 지키게 하심이라 그들이 그들의 손으로 너를 붙들어 발이 돌에 부딪히지 아니하게 하리로다 네가 사자와 독사를 밟으며 젊은 사자와 뱀을 발로 누르리로다 (시 91:11-13)

천사들은 다양한 일을 담당하는데, 저마다 다른 속성을 지니고 있다. 일부 사자(使者, messenger) 천사들은 의사소통을 돕는다. 단순히 대화와 사건들을 기록하는 천사들도 있다. "그때에 여호와를 경외하는 자들이 피차에 말하매 여호와께서 그것을 분명히 들으시고 여호와를 경외하는 자와 그 이름을 존중히 여기는 자를 위하여 여호와 앞에 있는 기념책에 기록하셨느니라"(말 3:16).

또한 사람들을 도와 메시지를 전달하는 천사들도 있다. 천사장들은 더 큰 세력인 정사와 권세들에 맞서는 일을 담당한다. 한편 천사들의 계획과 일정에 위협을 가하는 원수들이 있다. 우리가 천사들의 다양한 유형과 임무를 알게 되면, 천사들과 실질적으로 동역하여 천국의 예정과 계획을 실행에 옮길 수 있다.

그리스도인들은 하나님의 말씀에 순종해야 한다. 우리는 예수님에 대해 증거하며, 하나님의 운행하심 속으로 전력 질주해야 한다. 주님은 자신이 십자가를 통해 이루신 화해가 모든 사람에게 전해지기 바라신다. 그들이 희생 제물이 되신 예수님을 받아들여 죄를 회개하고, 그분을 삶의 주인으로 모셔 들이기 원하신다.

모든 방언과 족속과 나라에 복음이 전파된 후에야, 믿는 자들의 새로운 왕국의 시대로 이동하게 될 것이다. 그때에 대대적인 휴거가 있을 것이다. 에녹이 데려감을 당한 것처럼, 그리스도인들도 공중으로 들어 올려질 것이다. 믿는 자들은 하나님과 동행하다가 갑자기 사라질 것이다! 하나님께서 그들을 데려가실 것이다! 그리스도인들은 하나님 아버지께 거부할 수 없는 존재가 될 것이다. 하나님께서는 그분의 소유된 자들과 더 이상 떨어져 있을 수 없어서 그들을 데려가실 것이다. 그들의 믿음에 크게 기뻐하시며 그들과 함께 있기 위해 데려가실 것이다.

데살로니가전·후서와 계시록, 선지서를 비롯한 성경의 모든 가르침은 이런 일들이 절정에 달할 시대의 마지막에 초점을 맞추고 있다. 사도 바울에 의하면, 그때에 하나님의 아들들이 나타날 것이라고 한다.

의심과 불신

나는 사람들에게 우리를 위해 섬기고 일하는 천사들을 근심하게 하거나 주님의 일을 거스르지 말라고 전해야 했다. 그리스도인들은 의심과 불신으로 천사들을 화나게 할 수 있다. 히브리서에서는 바로 이러한 불순종과 불신이 광야에서 일어나 이스라엘 백성이 안식에 들어가지 못했다고 말한다. 출애굽 여정 가운데 다음과 같은 일이 있었다.

보라, 내가 네 앞에 천사를 보내어 가는 길에 너희를 보호하고 내가 너희를 위해 예비한 곳에 안전하게 이르게 할 것이다. 그의 목소리에 청종하고 그의 지시에 순종하라. 그를 거역하지 말라. 그는 내 대리자이니, 너희 반역을 용서하지 않을 것이다. 그러나 너희가 주의하여 그에게 순종하고 내 모든 지시에 따르면, 내가 너희 원수의 원수가 되고, 너희를 대적하는 자들을 대적할 것이다. 나의 천사가 너희 앞에 가서 너희를 아모리 사람과 헷 사람과 브리스 사람과 가나안 사람과 히위 사람과 여부스 사람의 땅으로 데리고 들어갈 것이니, 너희가 그곳에서 살게 될 것이다. 내가 그들을 완전히 멸할 것이다. 너희는 이 나라들의 우상을 경배하거나 어떤 식으로든 섬기거나 그들의 악한 관습을 본받으면 안 된다. 그보다 그것들을 철저하게 멸하고, 그것들의 주상을 부숴야 한다. 너희는 오직 너희 하나님 여호와만 섬겨야 한다. 그렇게 하면, 내가 양식과 물로 너희에게 복을 주고, 질병으로부터 너희를 보호할 것이다. 너희의 땅에 유산이나 불임이 없을 것이며, 내가 너희를 장수하게 할 것이다. 내가 너희 앞에 나의 공포를 보내어 너희가 들어가는 땅의 모든 백성 가운데 두려움을 일으킬 것이다. 너희의 모든 원수들이 돌아서서 달아나게 만들 것이다. (출 23:20-27, NLT)

천사들은 항상 하나님의 원수들과 싸운다. 또한 믿는 자들이 하나님의 자녀이기 때문에, 우리를 대적하는 원수들도 처리해야 한다. 천사들은 또한 우리의 원수가 자기들의 원수라는 사실을 알고 있다. 따라서 출애굽기에서 주님이 이스라엘 백성들을 위해 행하신 것처럼, 그리스도인들이 원수의 땅에 들어갈 때 천사들이 그들 가운데 두려움을 일으킬 것이고, 그들은 공포에 사로잡혀 믿는 자들을 피해 달아날 것이다.

천사들은 이미 당신의 원수들을 자기의 원수로 여기고 있다. 하나님께서 천사들에게 그분의 자녀들이 그분과의 언약 안에 있다고 말씀하셨기 때문이다. 스스로 계신 분께서 당신을 천사들의 계획과 목적이 되게 하셨다.

마지막 때에는 우리를 도와 소명을 성취하도록 주께서 보내신 천사들을 존중하는 것이 대단히 중요하다. 천사들은 믿는 자들을 위해 싸우고, 우리의 원수들 가운데 두려움을 일으키도록 파송되었다. 그들은 우리의 모든 원수들 가운데 공포를 일으키는 사명을 수행 중이다. 그러므로 원수들이 돌아서서 달아나고 있다.

우리는 거역하거나 불신 가운데 있지 말고, 하나님께서 우리 앞에서 원수를 몰아내시기 위해 천사들을 두셨다는 사실을 받아들여야 한다.

반역

이스라엘 백성은 불신 때문에 안식에 들어가지 못했다! 바로 이 불신이 반역으로 여겨진 것이다. 천사들은 그리스도인이 반역하는 것을 원하지 않는다. 그들은 모든 그리스도인이 자신의 삶을 향한 하나님의 뜻에 순복하기 바란다. 우리의 삶을 향한 하나님의 뜻이 이해되지 않아도, 거역해서는 안 된다. 믿는 자들은 겸손하게 도움을 구해야 한다.

주님과 그분의 천사들은 모든 믿는 자들이 하나님의 뜻에 기꺼이 순복하겠다고 분명하게 고백하기 바라신다. 하나님의 뜻대로 행하기 원하며, 그렇게 하는 것이 기쁨이라고 하나님께 말씀드리라. 겸손하게 우리의 삶을 향한 하나님의 뜻을 계시해 달라고 구해야 한다.

천사들이 지금 우리와 동역하고 있다. 그들에게는 하나님의 계획과 목적이 있다. 우리의 하늘 아버지께서는 주님의 군대의 지휘관이시다. 그러므로 우리는 그분을 거역하면 안 된다. 아버지께서는 이 시대를 향한 그분의 계획과 일정을 시행하고 계신다. 우리는 바로 이 천사들의 계획과 일정의 한 부분이다.

내가 아담의 아들들인 너희에게 큰 소리로 말하며 정녕 너희 딸들에게도 또한 말하고 있노라. 내게 들으라. 그리하면 너희가 분별 있고 지혜로우리라. 어리석고 연약한 자들일지라도 이해하는 마음을 받을 수 있으리니, 이로써 그들의 속사람이 변화를 받으리라. 내 말씀의 의미가 너희 안에서 풀어지리니, 너희가 인생을 다스릴 수 있도록 계시가 열리리라. 내 노래 가사가 너희에게 능력을 덧입혀 옳은 것을 따라서 살게 되리라. 이는 내가 이르는 모든 말은 의심할 나위 없이 진실되며, 나는 무법한 거짓을 참아 주지 아니하므로 내 말은 결코 너희를 잘못된 길로 인도하지 않을 것임이라. 내 입의 모든 선포는 신뢰할 수 있나니, 거기에는 뒤틀린 논리나 진리를 왜곡한 것이 없도다. 내 모든 말은 분명하고 복잡하지 않으니, 영적인 이해력을 가진 모든 이들에게라. 만일 너희에게 열린 마음이 있다면, 너희가 계시적인 지식을 얻으리라. 나의 지혜로운 훈계는 은이나 금보다 더욱 값지니, 내가 줄 수 있는 계시적 지식에는 징금이라도 견줄 수가 없도다. 지혜는 값을 매길 수 없나니, 어떤 보석의 가치라도 능히 뛰어넘도다. 너희가 바라는 그 어떤 것도 이와 같을 수는 없도다. 내가 바로 지혜이며, 나는 예리하고 총명하므로 살아 있는 명철을 내가 원하는 대로 사용하여 너희 삶을 향한 계획을 고안해 낼 수 있느니라. 지혜가 너희 속에 부어지리니, 너희 삶 가운데 있는 악은 무엇이라도 미워하기 시작할 때라. 이것이 곧 예배이며 하나님을 경외하는 것이니, 그리하면 너희의 우쭐대는 교만과 비뚤어진 말투가 바로 내가 미워하는 악이라는 사실을 발견하리라! 너희가 나를 발견할 때에 참된 성공도 찾을 것은 내게는 지혜로운 계획들을 위한 통찰력이 있음이니, 그것들은 오직 너희를 위해 설계된 것이라! 내 손 안에는 살아 있는 명철과 용기와 힘이 있으니, 이 모든 것들이 다 준비되었고 너희를 기다리고 있느니라! 내가 왕들에게는 다스릴 권능을 덧입히며, 통치자들에게는 공평한 법을 만들 수 있는 능력을 주리라. 왕자들에게는 일어나 다스릴 권능을 입히며, 너그러운 자들에게는 땅을 통치할 수 있는 능력을 주리라. 내가 나의 사랑을 보이리니, 나를 열정적으로 사랑하는 자들에게라! 이는 그들이 쉬지 않고 찾고 찾기를 나를 만날 때까지 함이리라! 끝나지 않을 부와 영광이 나의 거하는 곳을 발견하는 자들에게 오며, 풍성한 공의와 장수와 만족한 삶이 그들에게 주어지리라. 내가 전하는 것은 금과 보화보다 훨씬 더 귀하며, 내가 너희로 얻게 하는 것은 뜻밖의 소득보다 더 유익하니라. 내가 너희를 공의의 길로 인도하여 참된 공평의 좁은 길을 발견케 하노라. 나를 사랑하는 자들은 엄청난 부와 영광스런 유업을 얻으며, 내가 그들의 삶을 보물들로 가득 채우리라. (잠 8:4-21, TPT)

하나님은 오직 진리만 선포하신다. 그리스도인들이 본문의 약속들을 붙잡으면, 하늘의 지혜가 그들을 도울 것이다. 우리는 예수 그리스도께서 우리의 삶을 다스리시도록 허락해 드려야 한다. 다음은 천사들의 사역과 계획을 위협하는 원수들과 싸우기 위해 지속적으로 묵상해야 할 내용들이다.

영적 전투를 위한 비밀 전략

- 내게 들으라. 그리하면 너희가 분별 있고 지혜로우리라.
  - 어리석고 연약한 자들일지라도 이해하는 마음을 받을 수 있으리니, 이로써 그들의 속사람이 변화를 받으리라.

- 내 말씀의 의미가 너희 안에서 풀어지리니
  - 너희가 인생을 다스릴 수 있도록 계시가 열리리라.

- 내 노래 가사가 너희에게 능력을 덧입혀 옳은 것을 따라서 살게 되리라.

- 내가 이르는 모든 말은 의심할 나위 없이 진실되며

- 나는 무법한 거짓을 참아 주지 아니하므로

- 내 말은 결코 너희를 잘못된 길로 인도하지 않을 것임이라.

- 내 입의 모든 선포는 신뢰할 수 있나니
  - 거기에는 뒤틀린 논리나 진리를 왜곡한 것이 없도다.

- 내 모든 말은 분명하고 복잡하지 않으니
  - 영적인 이해력을 가진 모든 이들에게라.

- 만일 너희에게 열린 마음이 있다면, 너희가 계시적인 지식을 얻으리라.

- 나의 지혜로운 훈계는 은이나 금보다 더욱 값지니
  - 내가 줄 수 있는 계시적 지식에는 정금이라도 견줄 수가 없도다.

- 지혜는 값을 매길 수 없나니, 어떤 보석의 가치라도 능히 뛰어넘도다.
  - 너희가 바라는 그 어떤 것도 이와 같을 수는 없도다.

- 내가 바로 지혜이며, 나는 예리하고 총명하므로

- 살아 있는 명철을 내가 원하는 대로 사용하여

- 너희 삶을 향한 계획을 고안해 낼 수 있느니라.

• 지혜가 너희 속에 부어지리니

　- 너희 삶 가운데 있는 악은 무엇이라도 미워하기 시작할 때라.

　- 이것이 곧 예배이며 하나님을 경외하는 것이니

• 너희의 우쭐대는 교만과 비뚤어진 말투가

　- 바로 내가 미워하는 악이라는 사실을 발견하리라!

• 너희가 나를 발견할 때에 참된 성공도 찾을 것은

　- 내게는 지혜로운 계획들을 위한 통찰력이 있음이니, 그것들은 오직 너희를 위해 설계된 것이라!

• 내 손 안에는 살아 있는 명철과 용기와 힘이 있으니

　- 이 모든 것들이 다 준비되어 너희를 기다리고 있느니라.

• 내가 왕들에게는 다스릴 권능을 덧입히며, 통치자들에게는 공평한 법을 만들 수 있는 능력을 주리라.

• 왕자들에게는 일어나 다스릴 권능을 입히고, 너그러운 자들에게는 땅을 통치할 수 있는 능력을 주리라.

- 내가 나의 사랑을 보이리니, 나를 열정적으로 사랑하는 자들에게라!
  - 그들이 쉬지 않고 찾기를 나를 만날 때까지 함이러라.

- 끝나지 않을 부와 영광이 나의 거하는 곳을 발견하는 자들에게 오며

- 풍성한 공의와 장수와 만족한 삶이 그들에게 주어지리라.

- 내가 전하는 것은 금과 보화보다 훨씬 더 귀하며
  - 내가 너희로 얻게 하는 것은 뜻밖의 소득보다 더 유익하니라.

- 내가 너희를 공의의 길로 인도하여
  - 참된 공평의 좁은 길을 발견케 하노라.

- 나를 사랑하는 자들은 엄청난 부와 영광스런 유업을 얻으며
  - 내가 그들의 삶을 보물들로 가득 채우리라.

Angel

오늘 주님께서 당신에게 능력으로 섬기는 놀라운 천사들을 보내어 하나님의 뜻 가운데 행할 수 있도록 도와주신다는 사실을 깨달으라.

하나님은 반역을 미워하신다. 그러므로 우리 안에 거역하는 마

음이 있어서는 안 된다. 그분은 악과 속이는 말과 교만을 미워하신다. 지혜는 우리 삶에서 교만을 몰아낸다. 겸손으로 자신을 다스리는 사람은 지체되거나 방해를 받지 않을 것이다.

천사들은 교만한 사람을 상대하는 것은 좋아하지 않지만, 섬김의 마음을 가진 사람을 상대하는 것은 즐거워한다. 겸손하고 깨어진 마음을 가진 사람은 하나님이 필요하다는 사실을 안다. 그래서 회개와 하나님의 제단을 인식한다. 그리고 하나님을 앙망하고, 주님을 경외하며, 깊은 영적 예배를 드려야 한다는 것을 깨닫는다.

치유되지 않은 혼이 상처를 입힌다

예수님과 함께 있을 때, 교회의 지도자들의 혼의 상처에 관해 알게 되었다. 사탄의 공격으로 큰 상처를 입은 사람들에게 치유가 흘러가야 한다. 주님은 나에게 이 땅 위에서 성령이 운행하시고 있다는 것을 보여 주셨다. 또한 아버지의 영광이 드러나고 있다고 말씀해 주셨다.

나는 교회의 지도자들이 그 영광을 간직하지 못하는 모습을 보았다. 그들의 혼에 난 구멍을 통해 영광이 새어 나가고 있었다. 모임 가운데 영광이 나타나지만, 하나님의 운행하심을 지속시킬 수는 없다. 치유되지 않은 혼의 상처로 인해 수많은 교회 리더들이 공격을 받고 있다. 그들은 기도하며 용서하지 못한 것을 해결해야 한다. 성령님은 상처 입은 리더들에게 아버지 하나님의 사랑으로 역사하셔서 걸려 넘어지게 하는 것들을 몰아내고 싶어 하신다.

이것은 모든 그리스도인에게 해당하는 문제이다. 우리는 성령께서 과거의 상처를 치유하실 수 있도록 허락해 드려야 한다. 용서하지 않는 마음은 하나님의 일을 가로막는다. 그러므로 지금 바로 용서하고 그 상처를 극복하라.

영광의 상품화

구약의 언약궤, 곧 하나님의 영광은 채에 꿰어 운반해야 했다. 시내산에서 하나님이 모세에게 지시하신 바에 의하면, 이 채들은 궤의 고리에 그대로 꿰어 놓아야 했다. 어느 누구도 언약궤를 만지는 것이 허락되지 않았다. 언약궤는 반드시 채에 꿰어 운반해야 했고, 특별한 레위인 제사장들과 대제사장만이 언약궤 곁에 있도록 허락되었다.

마지막 때에도 하나님의 임재와 영광을 나타내는 언약궤를 올바르게 운반해야 한다. 그것을 상품처럼 전시해서는 안 된다. 하나님은 채에 꿰어 운반되는 것이 아니라 수레에 실린 언약궤를 보여 주셨다. 이 궤가 수레에 실려 있다는 것은 큰 잘못을 저지르고 있음을 보여 주는 것이었다. 지금 아버지의 영광의 운행하심이 상품화되고 있다. 이러한 현상은 영광 가운데 하나님이 운행하시는 것을 방해한다. 이런 일이 있을 때, 천사들은 근심한다.

우리는 결코 하나님의 영광이 상품화되어 수레 위에 전시되는 것을 허락해서는 안 된다. 하나님의 영광은 구경꾼들을 위한 것이 아니다. 하나님은 구경꾼들에게 자신을 드러내지 않으신다. 그분은 하나님의 영광에 참여하는 자들, 하늘 왕국의 아들과 딸들에게 자신의 영광을 드러내신다.

천사들이 당신의 삶을 향한 하나님의 뜻을 실행에 옮기고 있다. 당신을 아프게 한 사람들로 인해 일어난 모든 충격적인 사건과 상황들을 놔 버리라. 그 상황들을 주님께 넘겨 드리라. 그분이 그 상황들을 가져가셔서 하늘 법정에서 해결하시도록 허락해 드리라. 상처가 당신에게서 주님의 기쁨을 빼앗아가게 하지 말라.

결론

성령님은 영의 세계를 잘 아시는 분이다. 그분은 영적인 세계의 주인이신 예수 그리스도를 통해 모든 그리스도인을 영적인 세계로 들어가게 해 주신다. 성령님은 모든 믿는 자에게 영적인 눈과 귀를 열어 주신다. 그리고 모든 사람의 영을 성장시켜 주신다. 그분은 모든 믿는 자로 하여금 회개의 은사를 통해 교만을 거절하게 하신다. 이 회개는 하나님의 거룩한 제단에서 온다. 우리의 의지를 온전히 하나님께 순복시키면, 성령님을 통해 겸손과 깨어짐이 임하도록 허락해 주신다.

주님은 그분의 보고(寶庫)에 있는 모든 것을 그리스도인들에게 주시며 마음을 얻으신다. 이 일이 일어나면, 우리는 하나님이 미워하시는 것을 미워하고, 그분이 사랑하시는 것을 사랑하는 법을 배우게 된다. 베드로는 하나님이 우리를 위하여 예수 그리스도를 통해 무슨 일을 이루셨는지에 대해 다음과 같이 말한다.

여러분이 여러분의 하나님과 우리 주 예수님을 아는 풍성한 지식 안에서 살아갈 때, 은혜와 완벽한 평강이 여러분에게 폭포처럼 쏟아지길 바랍니다. 삶과 하나님께 온전히 헌신하기 위해 필요한 모든 것이 이미 그분의 신령한 능력으로 우리 안에 있습니다. 이 모든 것이 우리의 이름을 불러 초대하여 그분의 선하심이 영광스럽게 나타나는 가운데 그분께 나아오게 하신 분을 아는 풍성한 경험을 통해 아낌없이 우리에게 주어졌기 때문입니다. 그 결과, 그분은 가치를 매길 수 없는 엄청난 약속을 여러분에게 주셔서, 이 대단한 약속의 능력으로 여러분이 신성한 본성에 참여하는 경험을 할 수 있도록 하셨습니다. 그로 인해 여러분은 세상에 속한 부패한 욕망을 피하게 되었습니다. 그러므로 여러분의 믿음을 아낌없이 채워 주는 것에 선을, 선에 명철을 더하고, 명철에 절제의 힘을 더하며, 절제에 인내하며 견디는 것을 더하고, 인내하며 견디는 것에 경건을 더하며, 경건에 형제와 자매를 향한 자비를 더하고, 형제와 자매를 향한 자비에 끝없는 사랑을 더하는 것에 전념하십시오. 이런 덕목들이 이미 내면 깊은 곳에 심겨져서 풍성하게 공급받아 소유하고 있으므로, 이것들로 인해 예수 그리스도를 더욱 친밀하게 알아가려고 추구하는 일에 게으르거나 열매 맺지 못하는 일이 없을 것입니다. 그러나 누구든지 이런 것들이 없는 사람은 계속적으로 우리 믿음의 비밀에 눈을 감아 자기 죄가 없어졌음을 잊어버리는 눈먼 자입니다. 그 사람이 과거에 지은 죄는 깨끗하게 씻겨졌습니다. 이런 이유로, 사랑하는 자들이여, 하나님께서 여러분을 구원으로 초청하여 그분의 소유로 선언하신 것을 열심으로 확인하고 인증하십시오. 여러분이 이렇게 하면, 절대 넘어지지 않을 것입니다. 그 결과, 하나님께서 우리 주요 구원자이신 메시아 예수님의 영원한 왕국 안으로 승리의 입성을 하게 하심으로, 하나님 왕국의 문들이 여러분에게 활짝 열릴 것입니다. (벧후 1:2-11, TPT)

하나님의 천사들은 그분의 소유된 자들에게 최고의 것을 주고 싶어 한다. 그들은 하나님의 말씀과 뜻으로 능력을 받아 여러 세대들 가운데 많은 이들을 돕고 있다. 천사들은 사람보다 훨씬 더 오랫동안 존재했다. 따라서 그리스도인들은 이 마지막 때에 천사들의 도움으로 빛을 발할 수 있다. 지금 이 땅 위에서 일어나고 있는 일을 위해 하나님께서 사람들의 마음을 준비시키고 계신다는 것을 깨닫도록 돕는 것이 천사들의 예정이며 계획이다.

하나님은 모든 믿는 자가 그분이 이 세대를 얼마나 사랑하시는지 이해하기 원하신다. 그분은 이 세대의 믿는 자들이 첫사랑을 회복하기 바라신다. 성령님은 이것이 우리가 살아가는 삶은 물론 하나님의 계획이자 예정하심과 관련이 있다는 것을 일깨워 주고 싶어 하신다.

천국의 예정과 계획은 교회의 예정과 계획 그리고 교회를 구성하는 믿는 자들과 조화를 이루어야 한다. 천사들은 그리스도인들을 아버지 하나님의 마음과 목적 안으로 데려간다. 믿는 자들은 기도할 때, 자신들을 그토록 신실하게 보살펴 준 천사들과 함께 천국의 작전 사령부에서 동일한 전략을 받고 있다는 것을 깨닫게 될 것이다. 그곳에서 만나자.

순전한나드 도서목록

번호	도서명	저자	가격	비고
1	존 비비어의 승리〈개정판〉	존 비비어	12,000	
2	교회를 뒤흔드는 악령을 대적하라	프랜시스 프랜지팬	5,000	
3	교회를 어지럽히는 험담의 악령을 추방하라	프랜시스 프랜지팬	5,000	
4	그리스도인의 삶의 비결〈개정판〉	진 에드워드	9,000	
5	존 비비어의 친밀감〈개정판〉	존 비비어	16,000	
6	내어드림〈개정판〉	프랑소와 페늘롱	7,000	
7	존 비비어의 축복의 통로〈개정판〉	존 비비어	8,000	
8	부서트리고 무너트리는 기름부으심	바바라 J. 요더	8,000	
9	사도적 사역	릭 조이너	12,000	
10	사사기	잔느 귀용	7,000	
11	상한 마음을 치유하는 기도	마크 & 패티 버클러	15,000	
12	상한 영의 치유1	존 & 폴라 샌드포드	17,000	
13	상한 영의 치유2	존 & 폴라 샌드포드	12,000	
14	여정의 시작	릭 조이너	13,000	
15	영광스러운 교회에 보내는 메시지 1	릭 조이너	10,000	
16	영분별〈개정판〉	프랜시스 프랜지팬	4,000	
17	영적 전투의 세 영역〈개정판〉	프랜시스 프랜지팬	11,000	
18	예레미야	잔느 귀용	6,000	
19	예수 그리스도와의 친밀함	잔느 귀용	7,000	
20	예수님을 닮은 삶의 능력〈개정판〉	프랜시스 프랜지팬	12,000	
21	예수님을 향한 열정〈개정판〉	마이크 비클	12,000	
22	잔느 귀용의 요한계시록〈개정판〉	잔느 귀용	13,000	
23	인간의 7가지 갈망하는 마음	마이크 비클 & 데보라 히버트	11,000	
24	저주에서 축복으로	데릭 프린스	6,000	
25	주님, 내 마음을 열어 주소서	캐티 오츠 & 로버트 폴 램	9,000	
26	지구상에서 가장 강력한 기도	피터 호로빈	7,500	
27	축사사역과 내적치유의 이해 가이드	존 & 마크 샌드포드	20,000	
28	출애굽기	잔느 귀용	10,000	
29	하나님과 사람에게 더욱 사랑스러운 자	듀안 벤더 클럭	10,000	
30	하나님과의 연합	잔느 귀용	7,000	
31	하나님을 연인으로 사랑하는 즐거움	마이크 비클	13,000	
32	하나님 마음에 합한 사람	마이크 비클	13,000	
33	하나님의 아름다움을 바라보는 축복	허 철	10,000	
34	하나님의 요새〈개정판〉	프랜시스 프랜지팬	9,000	
35	하나님의 장군의 일기〈개정판〉	잔 G. 레이크	6,000	
36	항상 배가하는 믿음〈개정판〉	스미스 위글스워스	13,000	
37	항상 부족함이 없으리로다	롤랜드 & 하이디 베이커	10,000	

purenard

번호	도서명	저자	가격	비고
38	혼동으로부터의 자유	릭 조이너	5,000	
39	혼의 묶임을 파쇄하라	빌 & 수 뱅크스	10,000	
40	존 비비어의 회개〈개정판〉	존 비비어	11,000	
41	금식이 주는 축복	마이크 비클 & 다나 캔들러	12,000	
42	부활	벤 R. 피터스	8,000	
43	거절의 상처를 치유하시는 하나님	데릭 프린스	6,000	
44	존 비비어의 분별력〈개정판〉	존 비비어	13,000	
45	통제 불능의 상황에서도 난 즐겁기만 하다	리사 비비어	12,000	
46	어린이와 십대를 위한 축사사역	빌 뱅크스	11,000	
47	빛은 어둠 속에 있다	패트리샤 킹	10,000	
48	목적으로 나아가는 길	드보라 조이너 존슨	8,000	
49	지도자의 넘어짐과 회복	웨이드 굿데일	12,000	
50	하나님의 일곱 영	키이스 밀러	13,000	
51	너희 지체를 의의 병기로 하나님께 드리라	허 철	8,000	
52	세계를 변화시키는 능력	릭 조이너	12,000	
53	왕의 자녀의 초자연적인 삶	빌 존슨 & 크리스 밸러턴	13,000	
54	믿음으로 산 증인들	허 철	12,000	
55	욥기	잔느 귀용	13,000	
56	나라를 변화시킨 비전: 윌리엄 테넌트의 영적인 유산	존 한센	8,000	
57	세상을 다스리는 권세의 회복	레베카 그린우드	10,000	
58	창세기 주석	잔느 귀용	12,000	
59	하나님의 강	더치 쉬츠	13,000	
60	당신의 운명을 장악하라	알렌 키란	13,000	
61	자살	로렌 타운젠드	10,000	
62	그리스도인의 영적혁명	패트리샤 킹	11,000	
63	초자연적 중보기도	레이첼 힉슨	13,000	
64	나는 하나님의 음성을 듣는다	킴 클레멘트	11,000	
65	하나님의 초자연적인 능력	바비 코너	11,000	
66	사랑하는 하나님	마이크 비클	15,000	
67	일곱 교회 이기는 자에게 주시는 축복	허 철	9,000	
68	일터에 영광이 회복되다	리차드 플레밍	12,000	
69	초자연적 경험의 신비	짐 골 & 줄리아 로렌	13,000	
70	웃겨야 살아난다	피터 와그너	8,000	
71	폭풍의 전사	마헤쉬 & 보니 차브다	13,000	
72	천국 보좌로부터 온 전략	샌디 프리드	11,000	
73	영향력	윌리엄 L. 포드 3세	11,000	
74	속죄	데릭 프린스	13,000	

순전한나드 도서목록

번호	도서명	저자	가격	비고
75	신의 성품에 참예하는 자	허 철	8,000	
76	예언, 꿈, 그리고 전도	덕 애디슨	13,000	
77	아가페, 사랑의 길	밥 멈포드	13,000	
78	불타오르는 사랑	스티브 해리슨	12,000	
79	능력, 성결, 그리고 전도	랜디 클락	13,000	
80	종교의 영	토미 펨라이트	11,000	
81	예기치 못한 사랑	스티브 J. 힐	10,000	
82	모르드개의 통곡	로버트 스턴스	13,500	
83	1세기 교회사	릭 조이너	12,000	
84	예수님의 얼굴〈개정판〉	데이비드 E. 테일러	13,000	
85	토기장이 하나님	마크 핸비	8,000	
86	존중의 문화〈개정판〉	대니 실크	13,000	
87	제발 좀 성장하라!	데이비드 레이븐힐	11,000	
88	정치의 영	파이살 말릭	12,000	
89	이기는 자의 기름부으심	바바라 J. 요더	12,000	
90	치유 사역 훈련 지침서	랜디 클락	12,000	
91	헤븐	데이비드 E. 테일러	13,000	
92	더 크라이	키스 허드슨	11,000	
93	천국 여행	리타 베넷	14,000	
94	파수 기도의 숨은 능력	마헤쉬 & 보니 차브다	13,000	
95	지저스 컬처	배닝 립스처	12,000	
96	넘치는 기름 부음	허 철	10,000	
97	거룩한 대면	그래함 쿡	23,000	
98	믿음을 넘어선 기적	데이브 헤스	10,000	
99	영적 전쟁의 일곱 영	제임스 A. 더함	13,000	
100	영적 전쟁의 승리	제임스 A. 더함	13,000	
101	기적의 방을 만들라	마헤쉬 & 보니 차브다	12,000	
102	개인적 예언자	미키 로빈슨	13,000	
103	어둠의 영을 축사하라	짐 골	13,000	
104	적그리스도의 영을 정복하라	샌디 프리드	13,000	
105	성령님 알기	마헤쉬 & 보니 차브다	12,000	
106	십자가의 권능	마헤쉬 & 보니 차브다	13,000	
107	축복의 능력	케리 커크우드	13,000	
108	하나님의 호흡	래리 랜돌프	11,000	
109	아름다운 상처	룩 홀터	11,000	
110	하나님의 길	덕 애디슨	13,000	
111	천국 체험	주디 프랭클린 & 베니 존슨	12,000	

번호	도서명	저자	가격	비고
112	당신의 사명을 깨우라	M. K. 코미	11,000	
113	기독교의 유혹	질 섀년	25,000	
114	우리가 몰랐던 천국의 자녀양육법	대니 실크	12,000	
115	임재의 능력	매트 소거	12,000	
116	예수의 책	마이클 코울리아노스	13,000	
117	신앙의 기초 세우기	래리 크레이더	13,000	
118	내 인생을 바꿔 줄 최고의 여행	제이 스튜어트	12,000	
119	시간 & 영원	조슈아 밀즈	10,000	
120	하이디 베이커의 사랑	하이디 & 롤랜드 베이커	13,000	
121	하나님의 임재	빌 존슨	15,000	
122	하나님의 갈망	제임스 A. 더함	14,000	
123	형통의 문을 여는 31가지 선포기도	케빈 & 캐티 바스코니	5,000	
124	춤추는 하나님의 손	제임스 말로니	37,000	
125	참소자를 잠잠케 하라	샌디 프리드	13,000	
126	영광이란 무엇인가?	폴 맨워링	14,000	
127	내일의 기름부음	R. T. 켄달	13,000	
128	영적 전투를 위한 전신갑주	크리스 밸러턴	12,000	
129	성령을 소멸치 않는 삶	R. T. 켄달	13,000	
130	초자연적인 삶	아담 F. 톰슨	10,000	
131	한계를 돌파하라	샌디 프리드	13,000	
132	블러드문	마크 빌츠	11,000	
133	구약에서 일어난 모든 일들	윌리엄 H. 마티	13,000	
134	신약에서 일어난 모든 일들	윌리엄 H. 마티	11,000	
135	드보라 군대	제인 해몬	14,000	
136	거룩한 불	R. T. 켄달	13,000	
137	당신의 자녀를 향한 하나님의 65가지 약속	마이크 슈리브	8,000	
138	무슬림 소녀, 예수님을 만나다	사마 하비브 & 보디 타이니	13,000	
139	스미스 위글스워스의 병 고침(개정판)	스미스 위글스워스	12,000	
140	뇌의 스위치를 켜라	캐롤라인 리프	13,000	
141	약속된 시간	제임스 A. 더함	13,000	
142	실패를 딛고 일어서는 믿음	샌디 프리드	12,000	
143	스미스 위글스워스의 성령의 은사(개정판)	스미스 위글스워스	13,000	
144	끝날 때까지 끝난 것이 아니다	R. T. 켄달	15,000	
145	완전한 기억	마이클 A. 댄포스	10,000	
146	마지막 때와 이슬람	조엘 리차드슨	15,000	
147	질투	R. T. 켄달	14,000	
148	사탄의 전략	페리 스톤	14,000	

순전한나드 도서목록

번호	도서명	저자	가격	비고
149	죽음에서 생명으로	라인하르트 본케	12,000	
150	금촛대 중보자들 1	제임스 말로니	15,000	
151	금촛대 중보자들 2	제임스 말로니	13,000	
152	금촛대 중보자들 3	제임스 말로니	13,000	
153	올바른 생각의 힘	케리 커크우드	12,000	
154	부흥의 거장들	빌 존슨 & 제니퍼 미스코브	25,000	
155	악의 삼겹줄을 파쇄하라〈개정판〉	샌디 프리드	12,000	
156	지옥의 실체와 하나님의 열심	메리 캐서린 백스터	12,000	
157	문지기들이여 일어나라	제임스 A. 더함	15,000	
158	안식년의 비밀	조나단 칸	15,000	
159	교회를 깨우는 한밤의 외침	R. T. 켄달	15,000	
160	하나님의 시간표	마크 빌츠	12,000	
161	사랑의 통역사	샨 볼츠	12,000	
162	예루살렘의 평화를 위해 기도하라	탐 헤스	13,000	
163	마이크 비클의 기도	마이크 비클	25,000	
164	유대적 관점으로 본 룻기	다이앤 A. 맥닐	13,000	
165	폭풍을 향해 노래하라	디모데 D. 존슨	13,000	
166	영광의 세대	브루스 D. 알렌	15,000	
167	영적 분위기를 바꾸라	다우나 드 실바	12,000	
168	하나님을 홀로 두지 말라	행크 쿠네만	14,000	
169	하나님이 디자인하신 완전한 나	캐롤라인 리프	20,000	
170	대적의 문을 취하라〈개정증보판〉	신디 제이콥스	15,000	
171	R. T. 켄달의 임재	R. T. 켄달	13,000	
172	영성가의 기도	찰리 샴프	10,000	
173	과거로부터의 자유〈개정판〉	존 로렌 & 폴라 샌드포드	14,000	
174	하나님의 불	제임스 A. 더함	15,000	
175	일상에 임한 하나님의 영광	브루스 D. 알렌	14,000	
176	일곱 산에 관한 예언〈개정판〉	조니 엔로우	15,000	
177	마지막 시대 마지막 주자	타드 스미스	13,000	
178	주의 선하신 치유 능력	크리스 고어	13,000	
179	건강한 생활 핸드북	로라 해리스 스미스	15,000	
180	더 높은 부르심	제임스 말로니	12,000	
101	레위기, 민수기, 신명기〈개정판〉	샨느 귀용	14,000	
182	당신도 예언할 수 있다〈개정판〉	스티브 탐슨	14,000	
183	생각하고 배우고 성공하라	캐롤라인 리프	15,000	
184	기적을 풀어내는 예언자 파노라마	제임스 말로니	13,000	
185	케빈 제다이의 초자연적 재정	케빈 제다이	14,000	

purenard

번호	도서명	저자	가격	비고
186	적그리스도와 마지막 때 분별하기	마크 빌츠	13,000	
187	마음을 견고히 하라	빌 존슨	9,000	
188	천국으로부터 받아 누리기	케빈 제다이	13,000	
189	모든 것이 당신에게 유리하게 되어 있다	케빈 제다이	15,000	
190	징조II	조나단 칸	18,000	
191	데릭 프린스의 교만과 겸손	데릭 프린스	10,000	
192	유다의 사자	랍비 커트 A. 슈나이더	15,000	
193	십자가의 왕도〈개정판〉	프랑소와 페늘롱	9,000	
194	원뉴맨성경 신약	윌리엄 J. 모포드	50,000	
195	하나님의 임재 안으로 들어가기	데릭 프린스	11,000	
196	One Thing	샘 스톰스	15,000	
197	거룩한 흐름 분위기	조슈아 밀즈	10,000	
198	천사들과 동역하는 삶	케빈 제다이	15,000	

목록에 없는 도서들도 알라딘, 리디북스, 예스24에서 전자책(ebook)으로 이용 가능합니다.

THE AGENDA OF ANGELS

by Kevin L. Zadai

Originally published in the USA by
Destiny Image a division of Nori Media Group
Shippensburg, PA
Under the title
The Agenda of Angels
Copyright © 2019 Kevin L. Zadai

Korean Translation Copyright © 2022 by Pure Nard
2F 16, Eonju-ro 69-gil Gangnam-gu, Seoul, Korea

The Korean edition is published by arrangement with Destiny Image.
All rights reserved.

본 저작물의 한국어판 저작권은 Destiny Image와의 독점 계약으로 '순전한 나드'가 소유합니다.
저작권자의 허락 없이 이 책의 일부 또는 전체를 무단 복제, 전재, 발췌하면 저작권법에 의해 처벌을 받습니다.

천사들과 동역하는 삶

초판 발행 | 2022년 10월 15일

지 은 이 | 케빈 제다이
옮 긴 이 | 서은혜

펴 낸 이 | 허철
책임편집 | 김선경, 김혜진
디 자 인 | 이보다나
제　 작 | 김도훈
총　 괄 | 허현숙
인 쇄 소 | 예원프린팅

펴 낸 곳 | 도서출판 순전한 나드
등록번호 | 제2010-000128
주　 소 | 서울특별시 강남구 언주로69길 16, (역삼동) 2층
도서문의 | 02) 574-6702
팩　 스 | 02) 574-9704
홈페이지 | www.purenard.co.kr

ISBN 978-89-6237-378-3 03230